Au Naturel / born naked

Portraits of the author,

alone or accompanied,

taken in Africa, The US, Europe,

where he has resided,

and around the world,

in different stages of his life,

with pictures of his abode

Albert Russo

published in the USA with CreateSpace / Amazon

ISBN-13: 978-1481807364
ISBN-10: 1481807366

Author's website: **www.albertrusso.eu**

Researchers and students of literature may now
access the Albert Russo Literary Archives
in Brussels, Belgium:
Chercheurs et étudiants en littérature peuvent désormais
consulter le Fonds littéraire Albert Russo:

ARCHIVES & MUSÉE DE LA LITTÉRATURE
Bibliothèque Royale Albert Ier
Boulevard de l'Empereur 4
1000 Bruxelles - Belgique

search / rechercher: Auteur Albert Russo
http://www.aml-cfwb.be/rechercher/catalogue

Note: the quality of the photos is variable,
this book being primarily a photographic history
of the author rather than a professional photobook.
Some of these pictures are erotic, some, very kitch,
and others frankly ridiculous, like life itself at times.

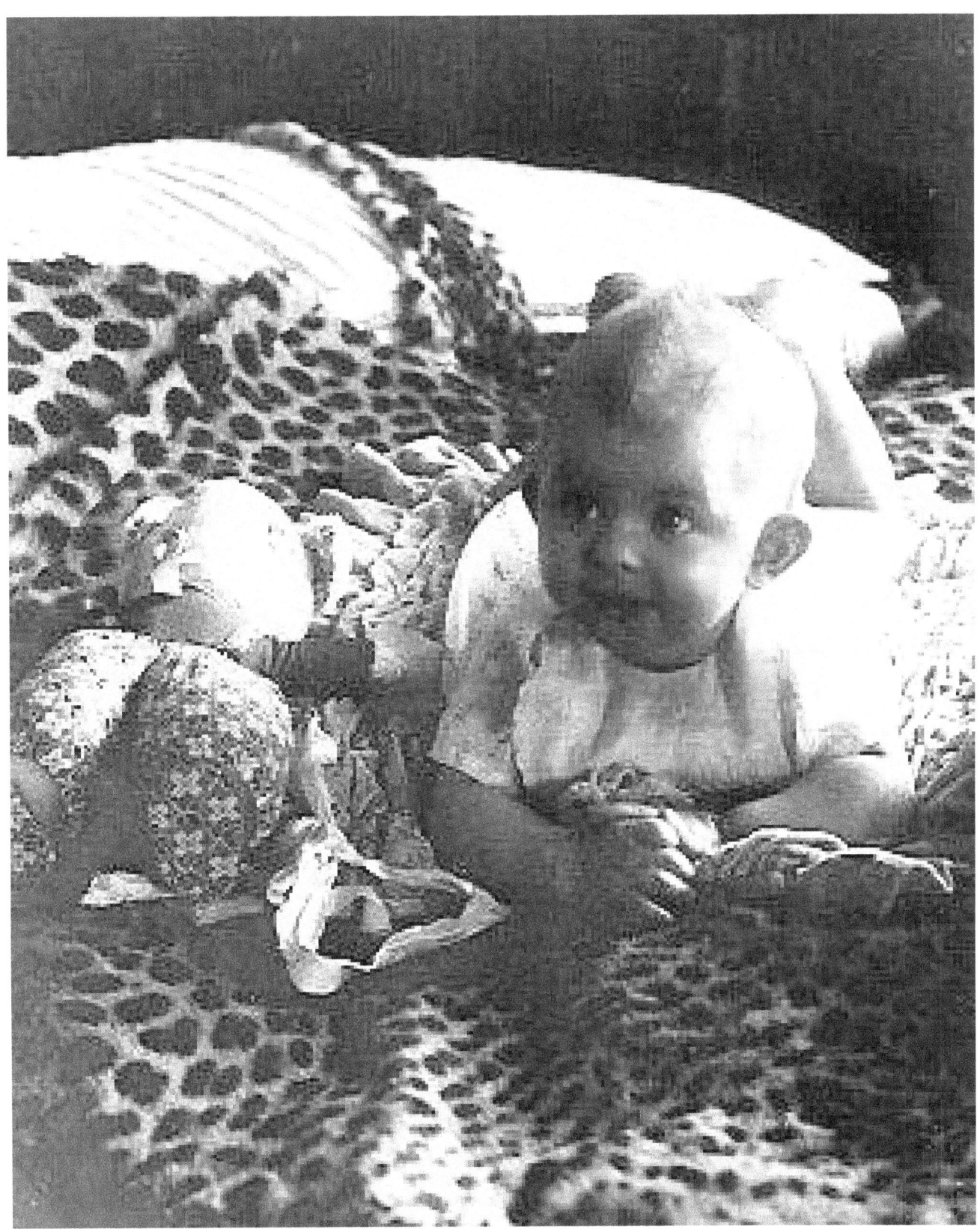

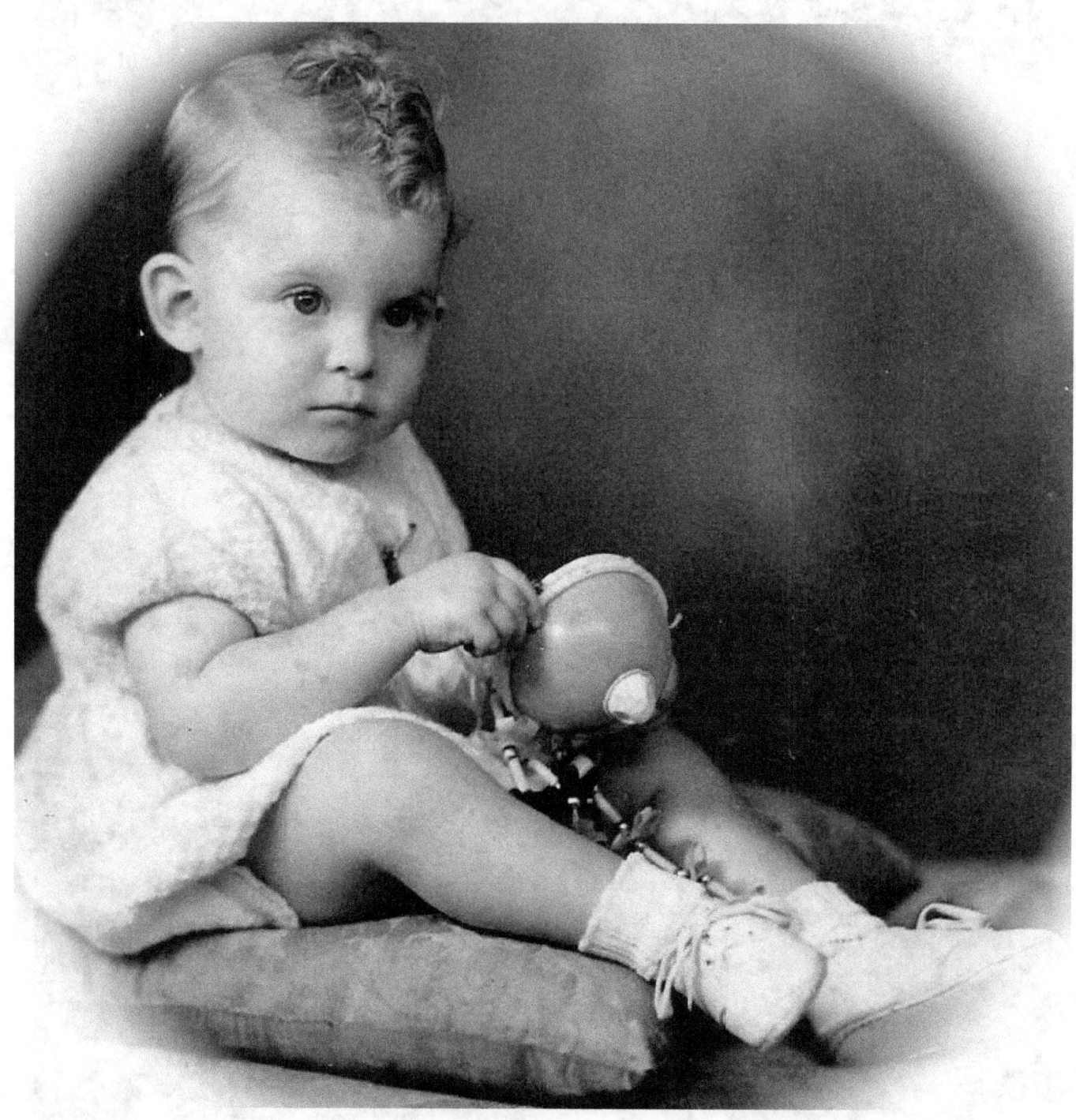

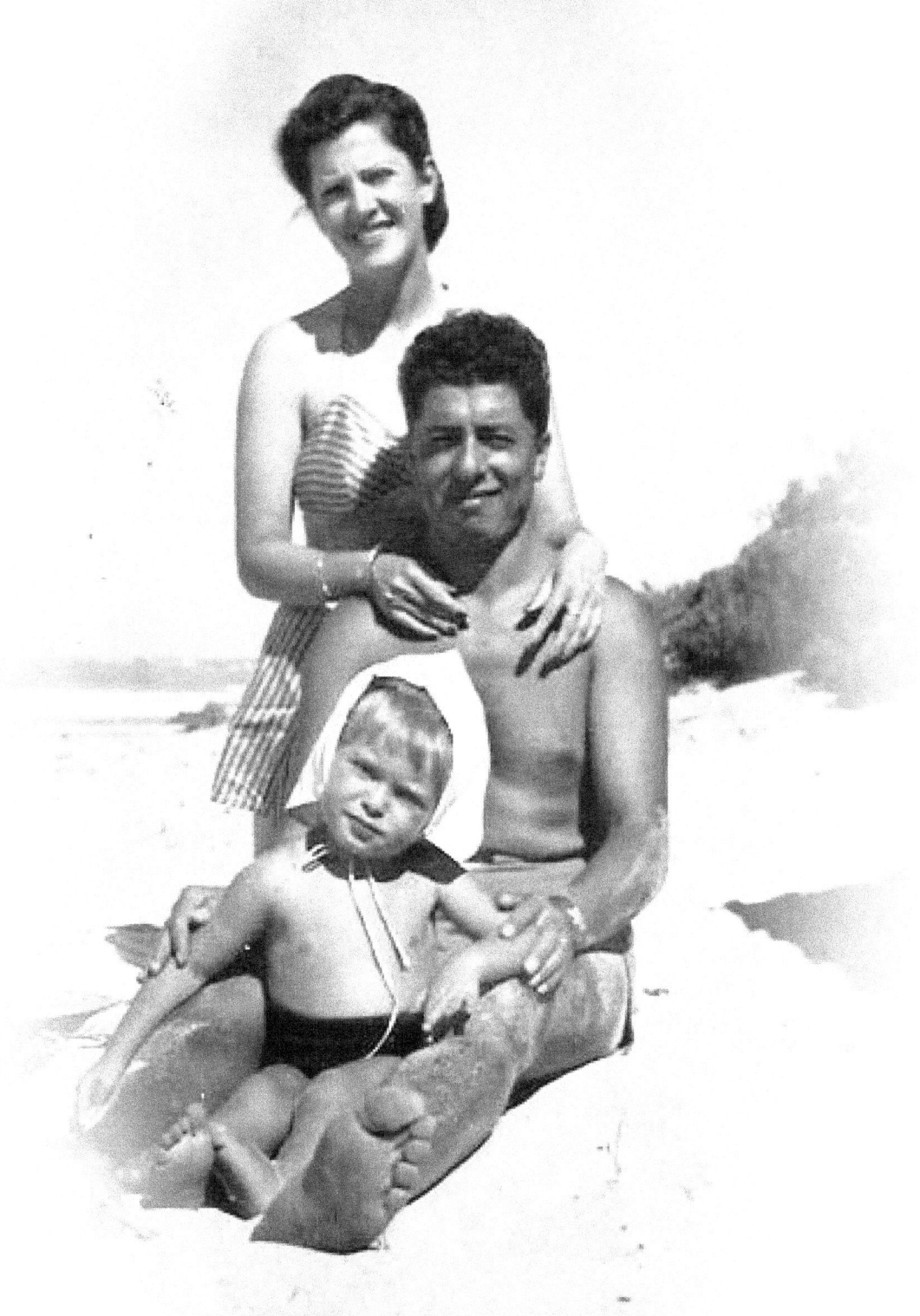

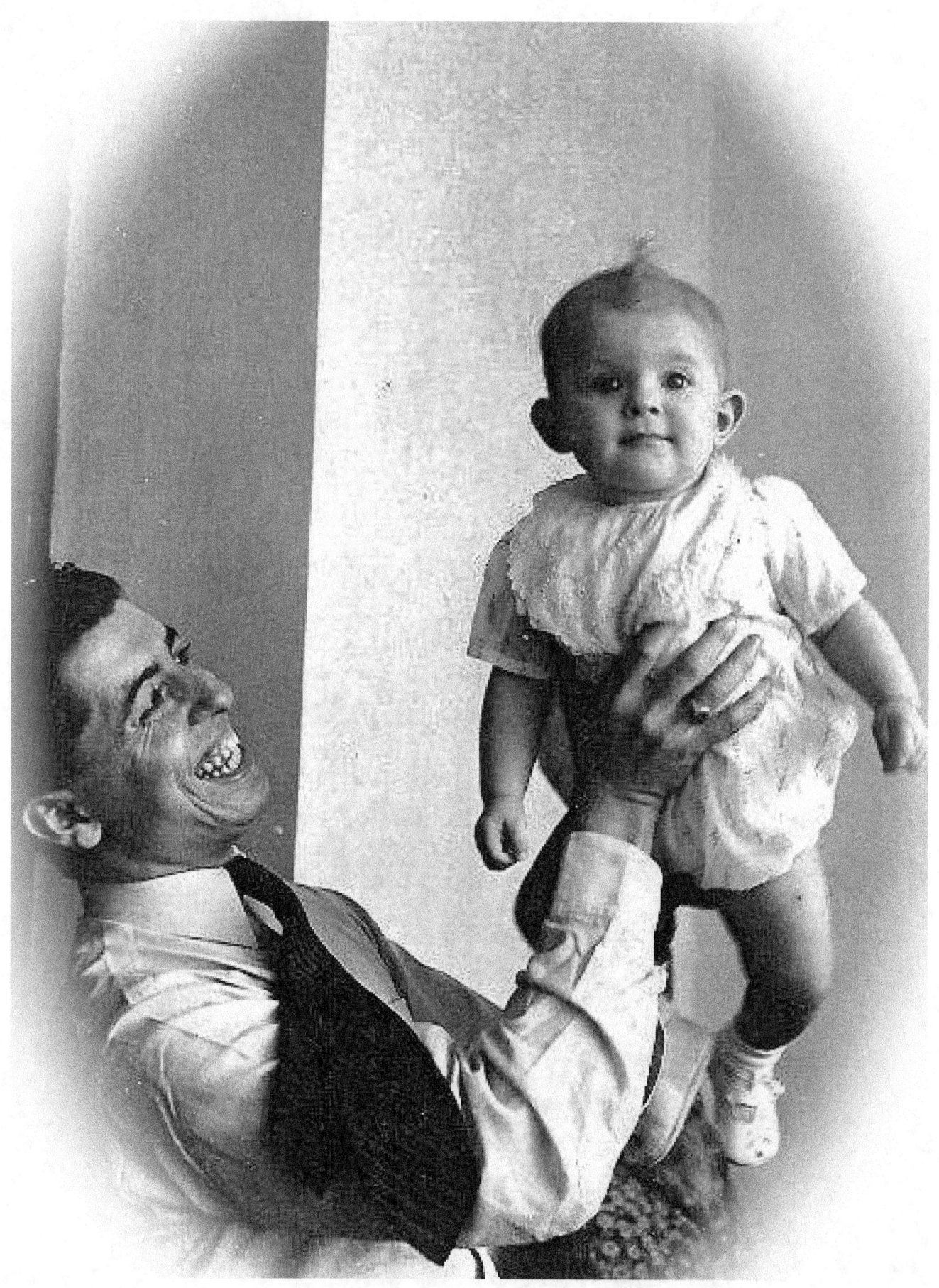

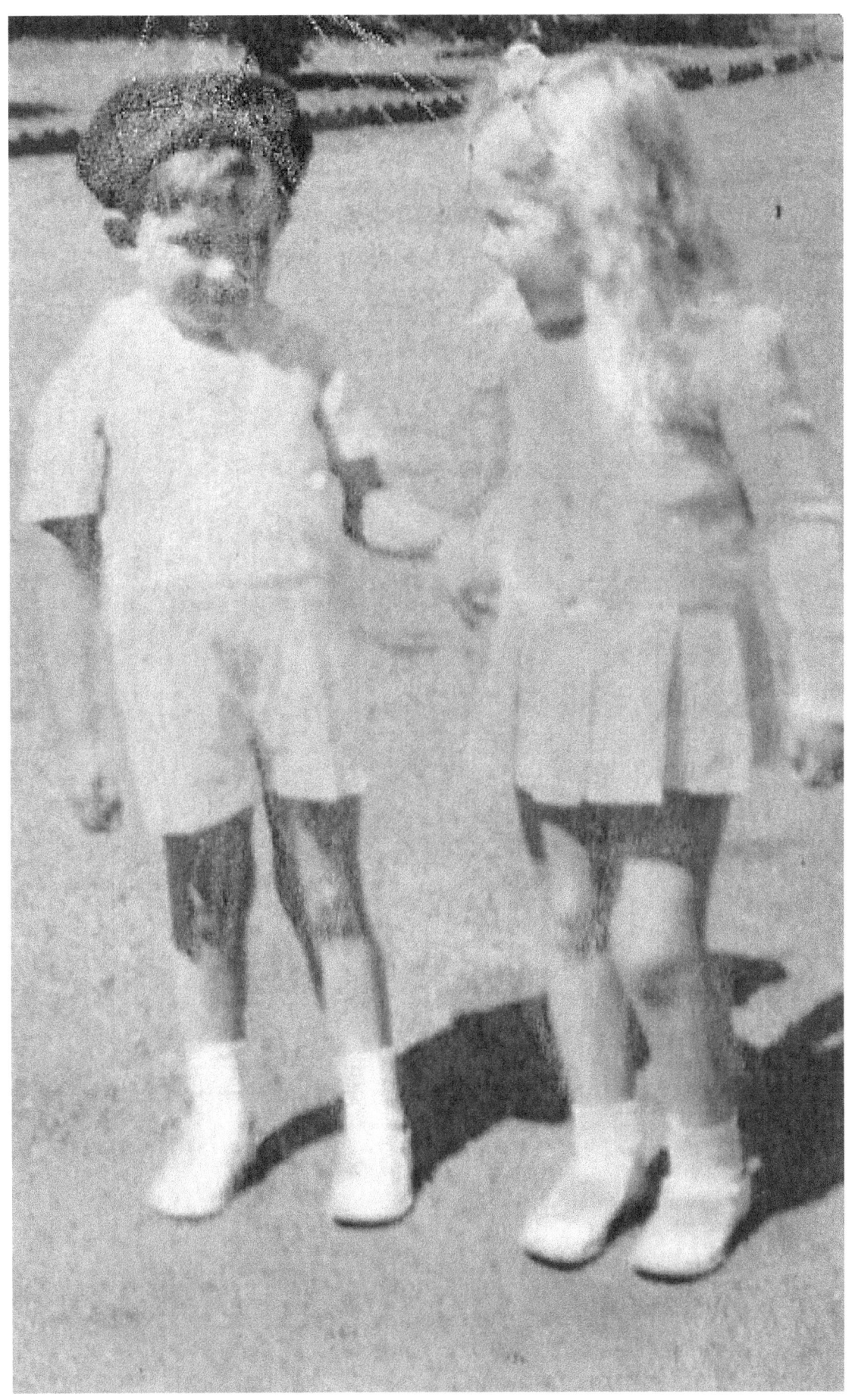

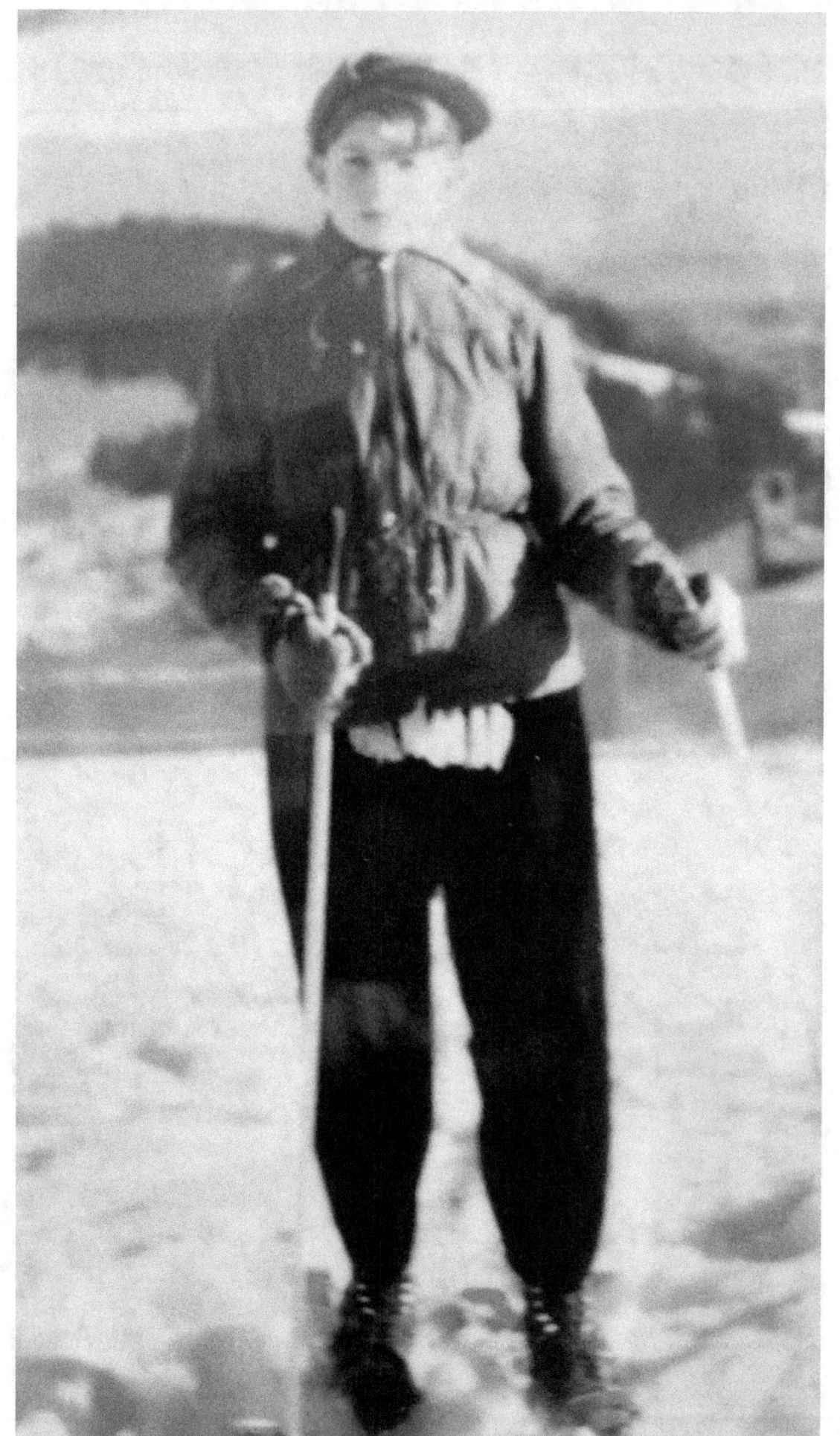

CONGO BELGE
BELGISCH KONGO

PROVINCE .du .Katanga.............   N° .I459.....
PROVINCIE ....   Nr ....
DISTRICT .du .Haut-Katanga....
DISTRICT ....

ATTESTATION DELIVREE A L'EPOUSE ET AUX ENFANTS MINEURS
DU TITULAIRE DU CERTIFICAT DE RESIDANT PERMANENT
GETUIGSCHRIFT AFGEGEVEN AAN DE ECHTGENOTE EN DE MINDERJARIGE
KINDEREN VAN DE HOUDER VAN HET BEWIJS VAN PERMANENT RESIDENT

L'Administrateur du Territoire de ....
De Gewestbeheerder van het Gewest

Le Chef du Service de la Population Blanche .à .Elisabethville..............
Het Hoofd van de Dienst der Blanke Bevolking te

certifie que : — *verklaart dat :*

1e Mᵐᵉ .... née le — *geboren de* .... à — *te* ....
    est l'épouse de Mʳ ....
    de echtgenote is van de heer

2° le(s) enfant(s) mineur(s) ci-après :
    het/de minderjarige onderstaande kind/kinderen

Albert......................... né (e) le — *geboren de* .26.2.1943.........

fait/font partie de la famille de ..Monsieur .RUSSO, .Moïse.........
deel uitmaakt/maken van het gezin van

qui réside dans le Territoire de ..Elisabethville.................... et est détenteur
die verblijft in het Gewest   *en houder is van*

du certificat de résidant permanent n° ..I/82.......délivré en date du ....21.mars.1950...............
het bewijs van permanent resident nr.   *afgegeven op*

par (la Province .du .Katanga...................................
     (*de Provincie*
door (le Service de la Colonisation du Gouvernement Général
     (*de Kolonisatiedienst van het Gouvernement Generaal*

Elle/il (s) est/sont autorisé (e/s) à pénétrer sur le Territoire de la Colonie, muni (e/s) uniquement de pièces
    d'identité et de certificats de vaccination encore valides.
Zij/hij is/zijn gemachtigd op het grondgebied van de Kolonie binnen te komen voorzien van hun identiteits-
    stukken en geldige inentingsbewijzen.

(Biffer les mentions inutiles.)   Elisabethville., le — de .2 .juillet... 1953.
(*Het overbodige doorhalen.*)   (Signature: — *Handtekening :*) F. Bivort,

ALBERT

DU GERMANIQUE ADAL "NOBLE" ET BERHT "CÉLÈBRE".

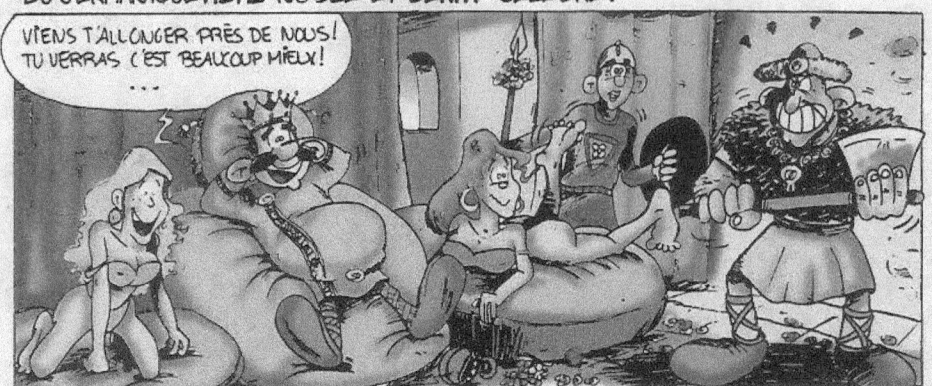

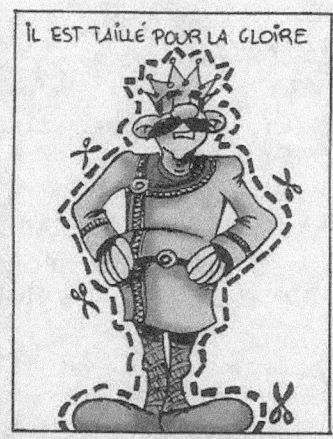

IL EST TAILLÉ POUR LA GLOIRE

SUJET AUX RÊVES LES PLUS FOUS.

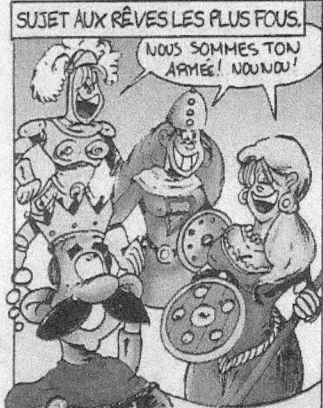

NOUS SOMMES TON ARMÉE! NOUNOU!

IL EST OMBRAGEUX...

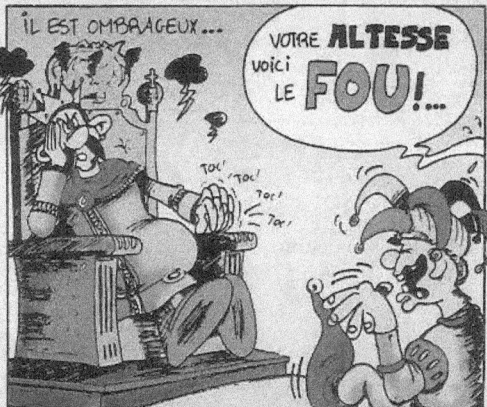

VOTRE **ALTESSE** VOICI LE **FOU**!...

VOIRE HAUTAIN

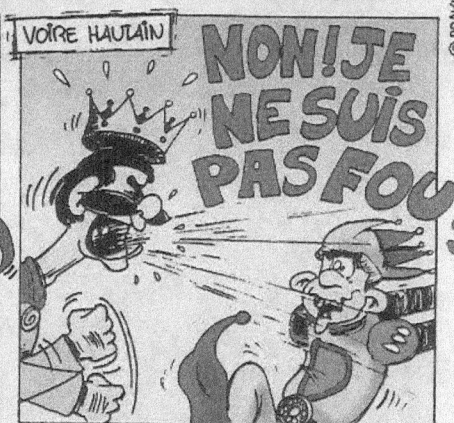

NON! JE NE SUIS PAS FOU!

IL CONSTRUIRA LUI-MÊME SA VIE SANS RIEN DEVOIR À PERSONNE

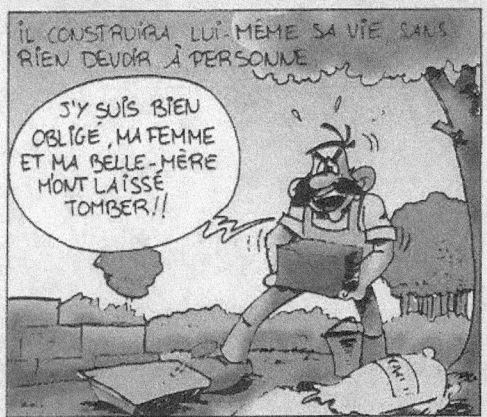

J'Y SUIS BIEN OBLIGÉ, MA FEMME ET MA BELLE-MÈRE M'ONT LAISSÉ TOMBER!!

LES PERSONNAGES CÉLÈBRES

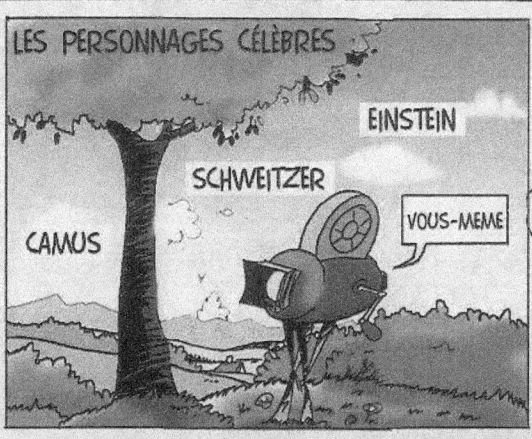

EINSTEIN

SCHWEITZER

CAMUS

VOUS-MÊME

CE PRÉNOM EST DE NOS JOURS PORTÉ PAR 1 GARÇON SUR 300.

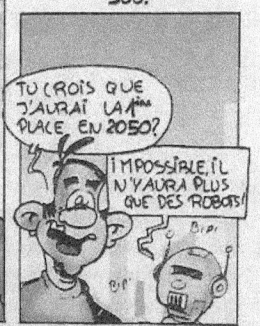

TU CROIS QUE J'AURAI LA 1ère PLACE EN 2050?

IMPOSSIBLE, IL N'Y AURA PLUS QUE DES ROBOTS!

LE SAINT PATRON : UN ALLEMAND DU 13ÈME SIÈCLE, QUI FUT MARTYRISÉ.

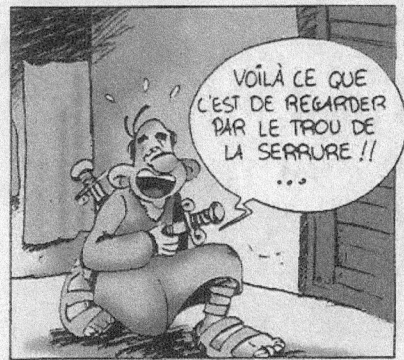

VOILÀ CE QUE C'EST DE REGARDER PAR LE TROU DE LA SERRURE!! ...

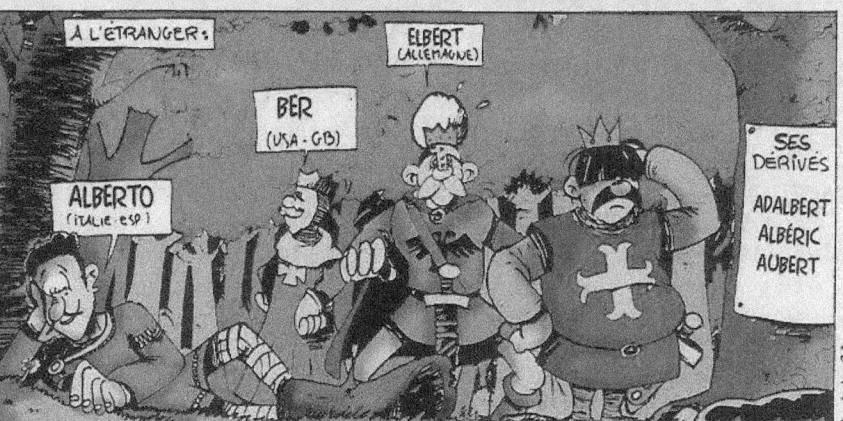

À L'ÉTRANGER :

ELBERT (ALLEMAGNE)

BER (USA - GB)

ALBERTO (ITALIE - ESP)

SES DÉRIVÉS

ADALBERT
ALBÉRIC
AUBERT

ON LE FÊTE LE 15 NOVEMBRE.

PAILERT 97

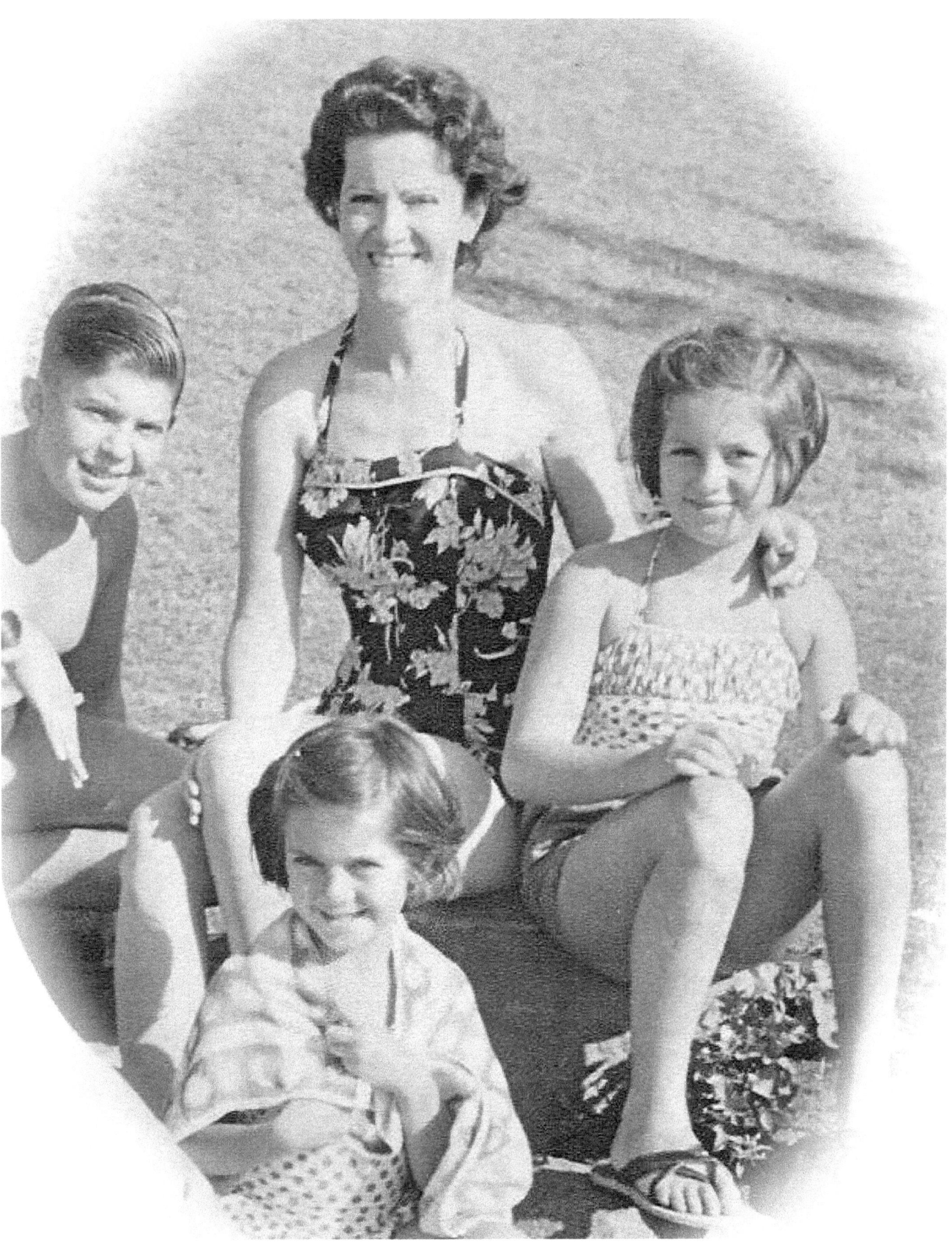

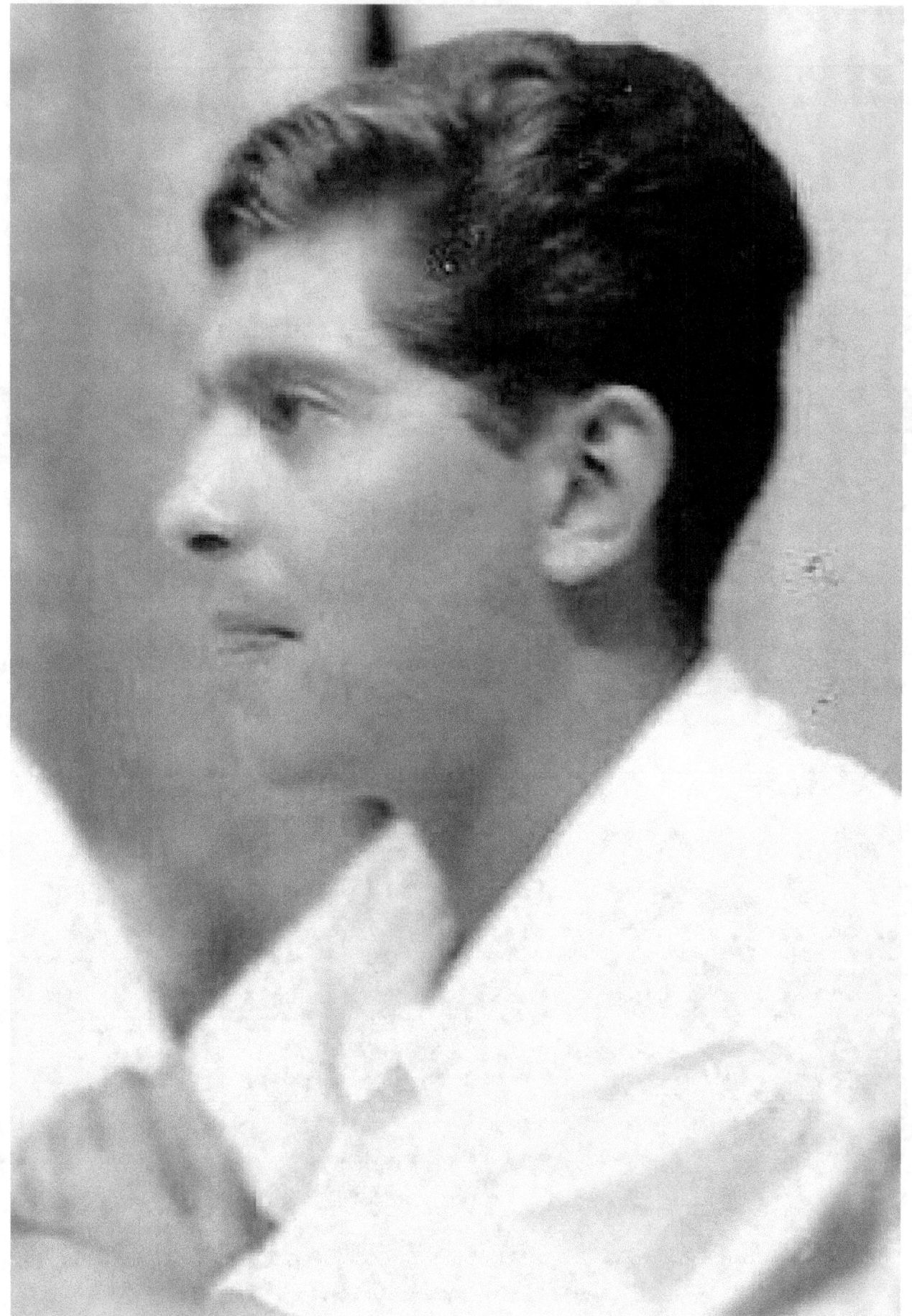

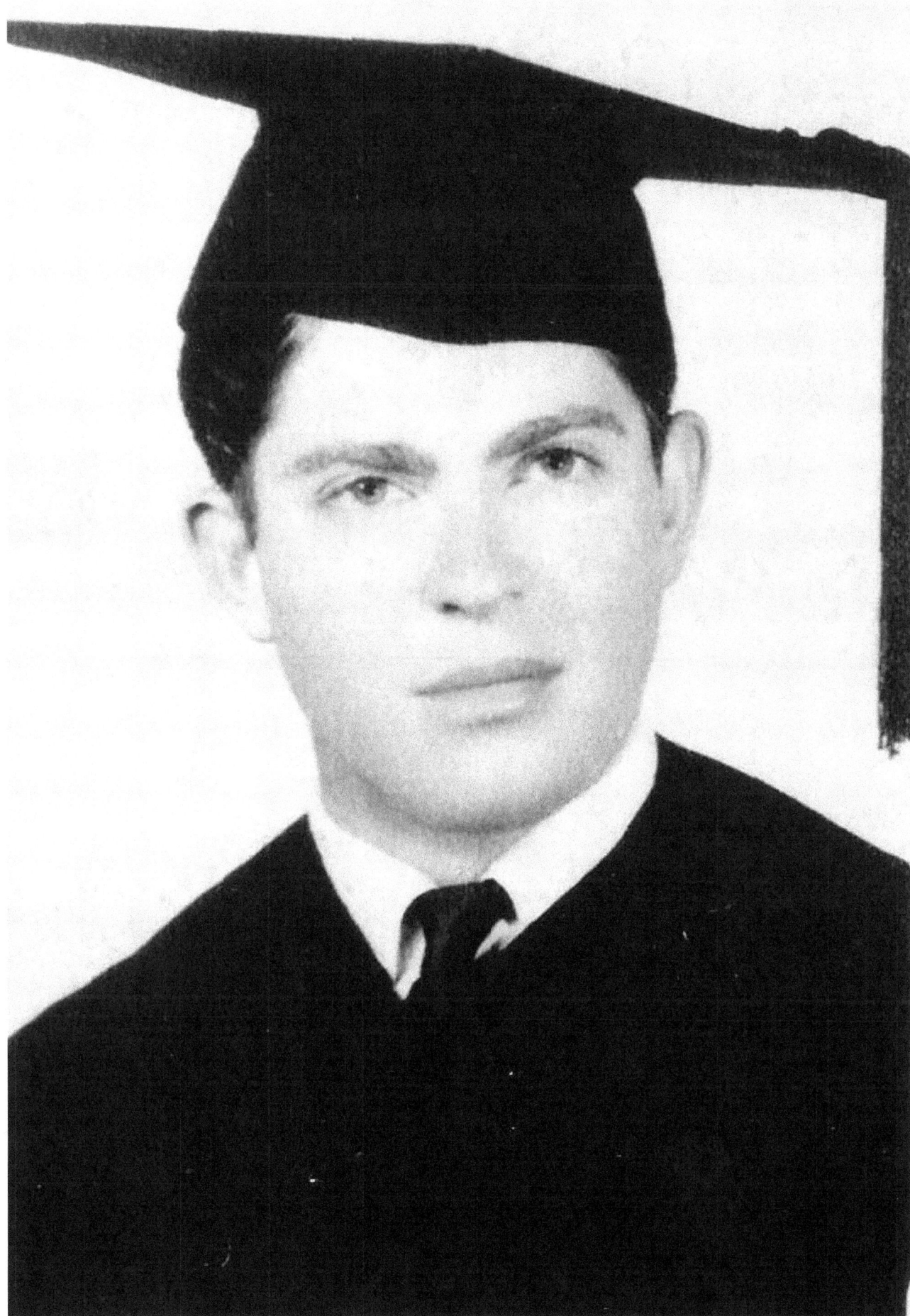

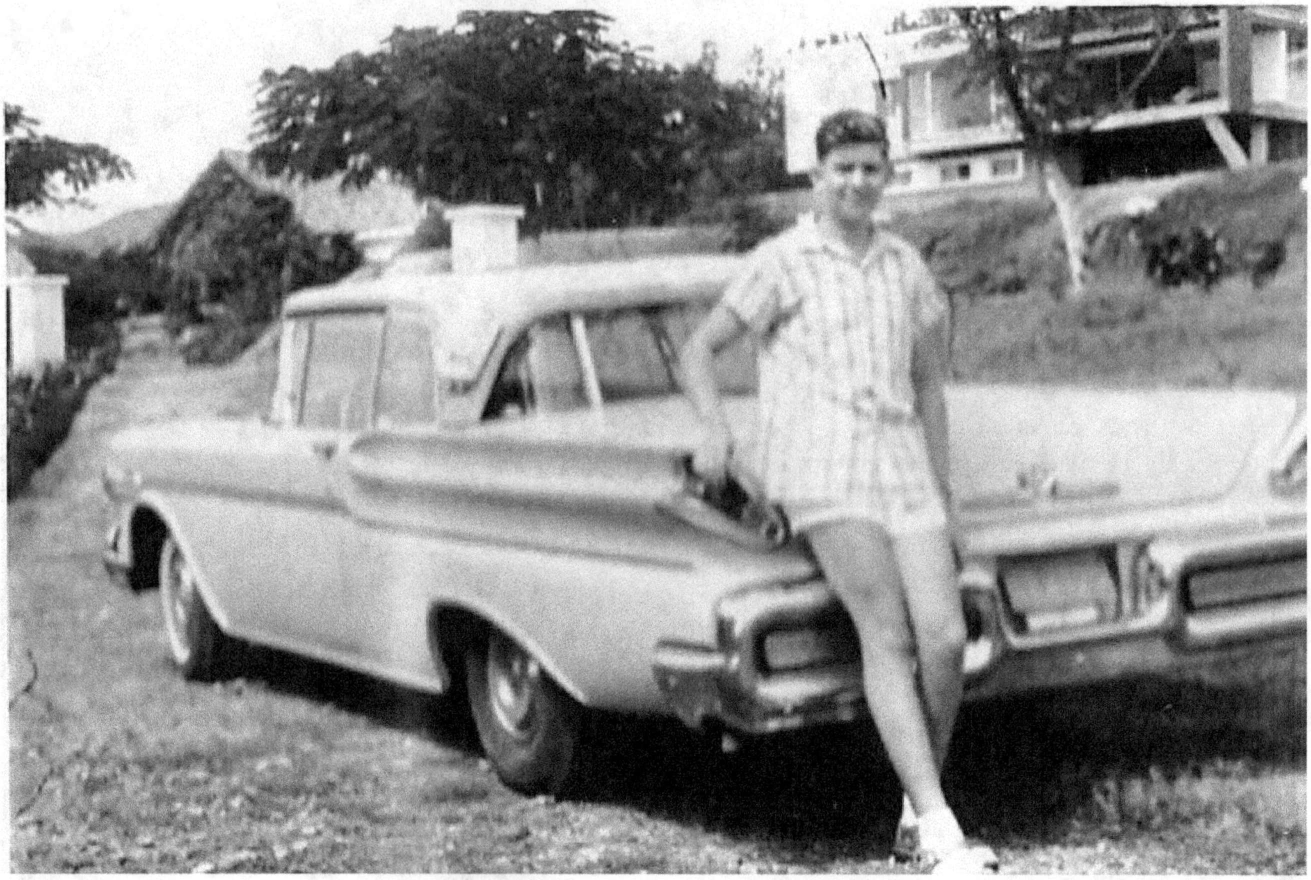

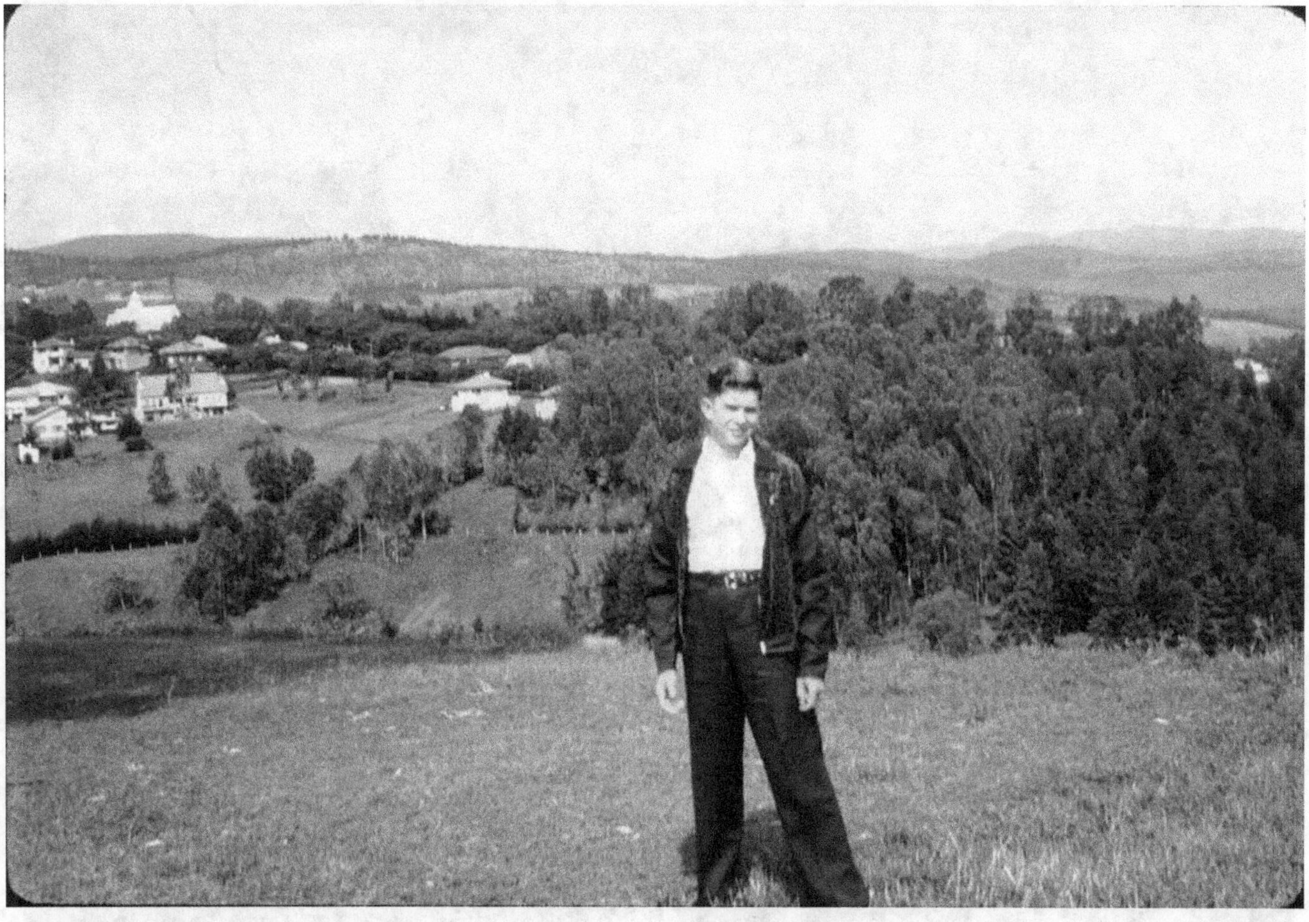

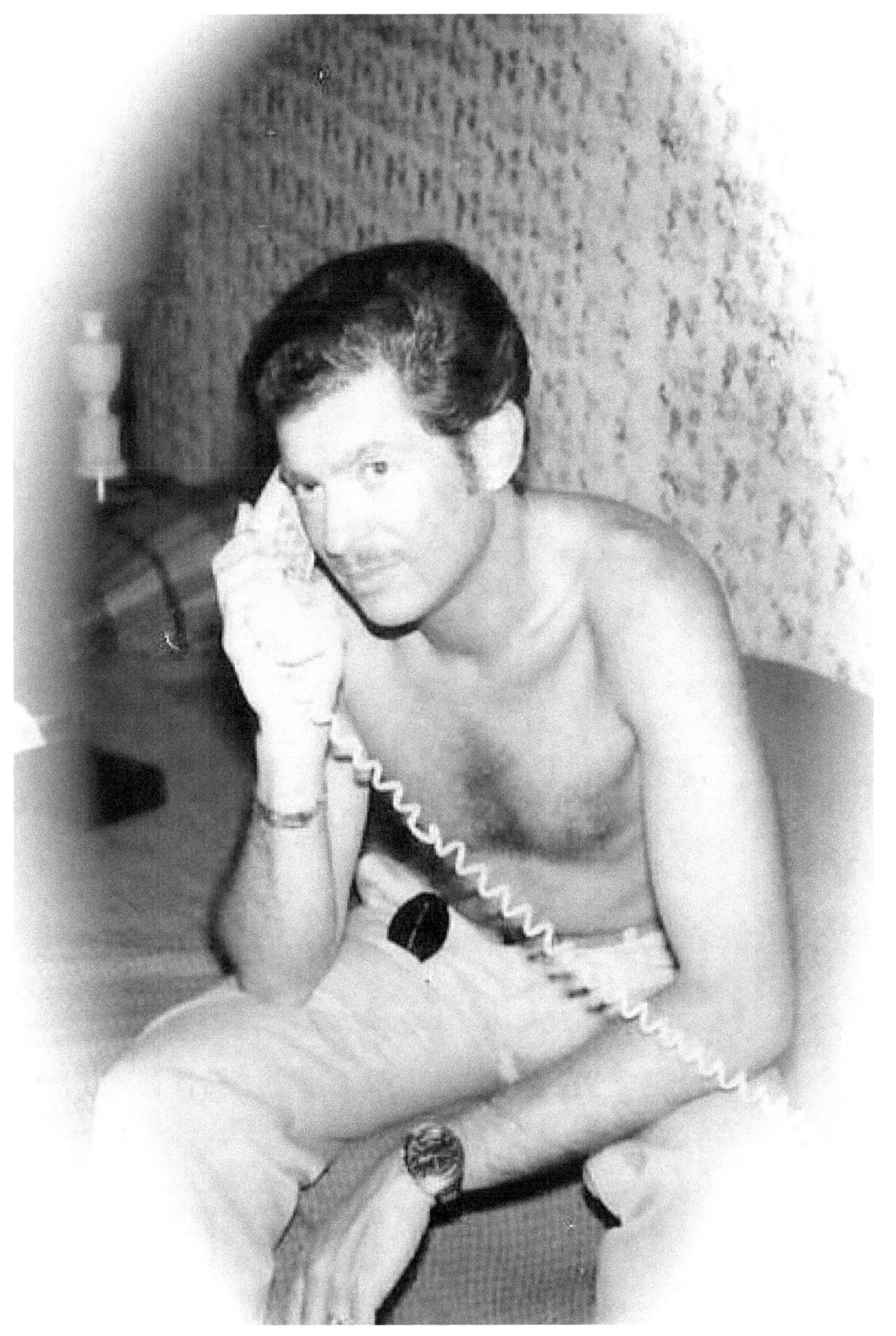

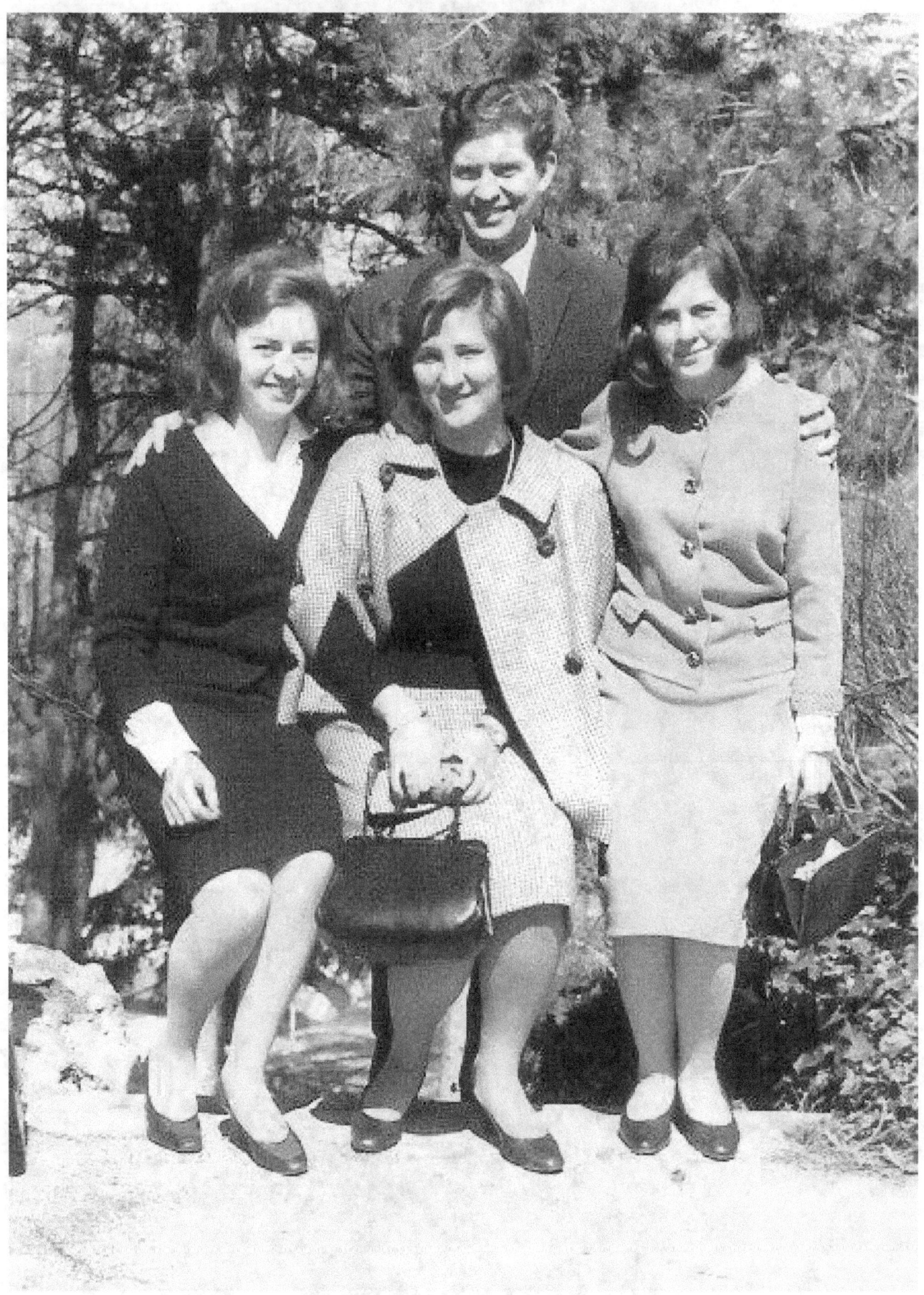

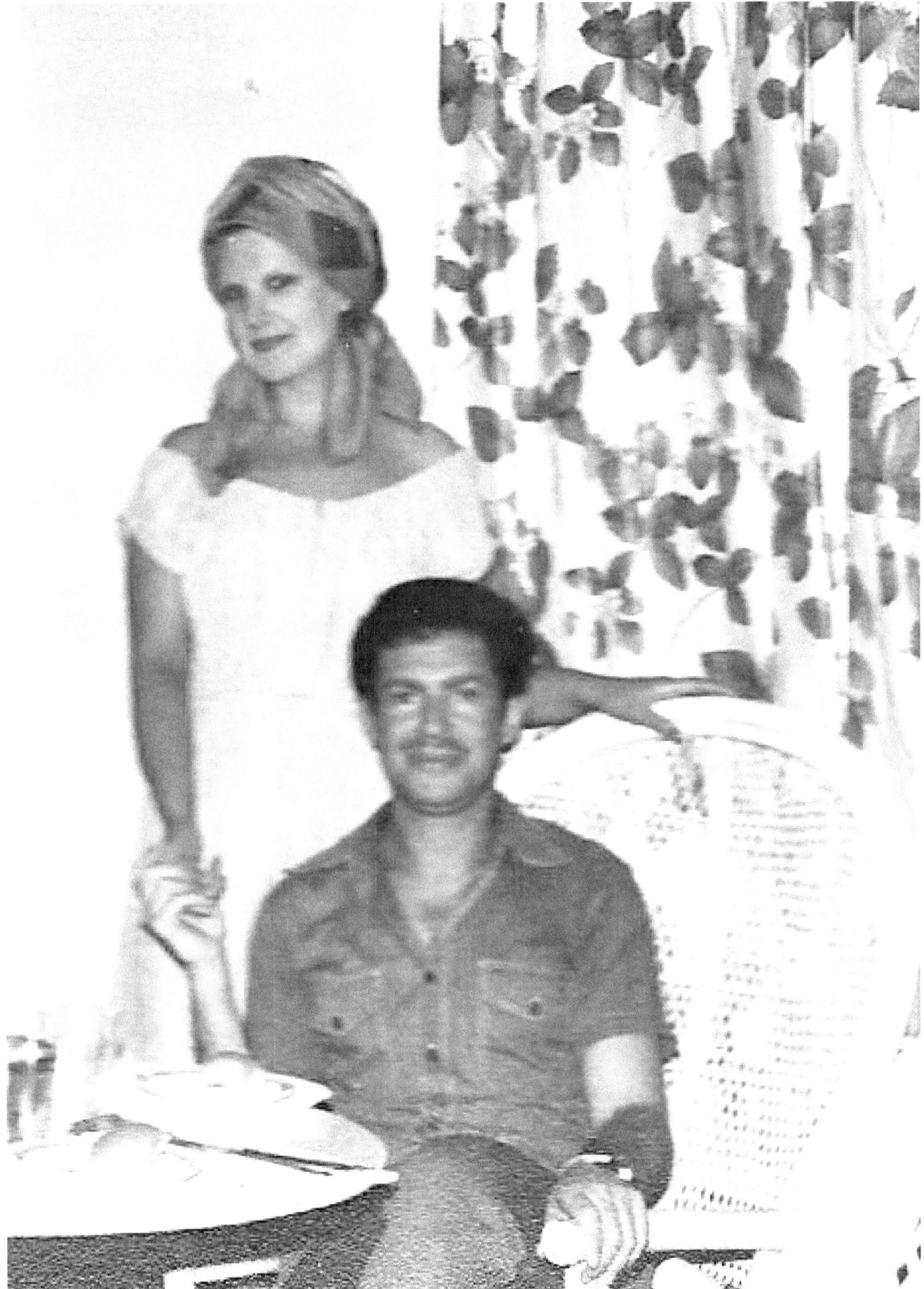

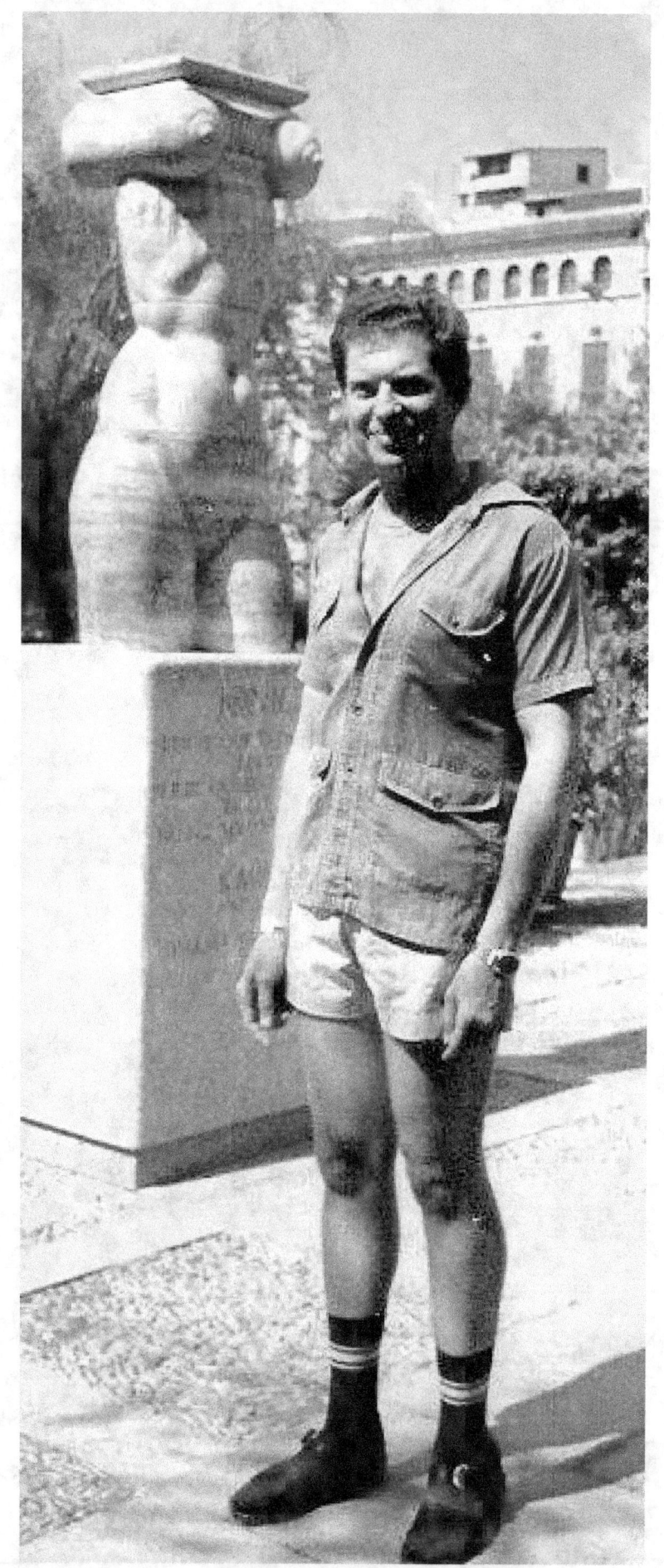

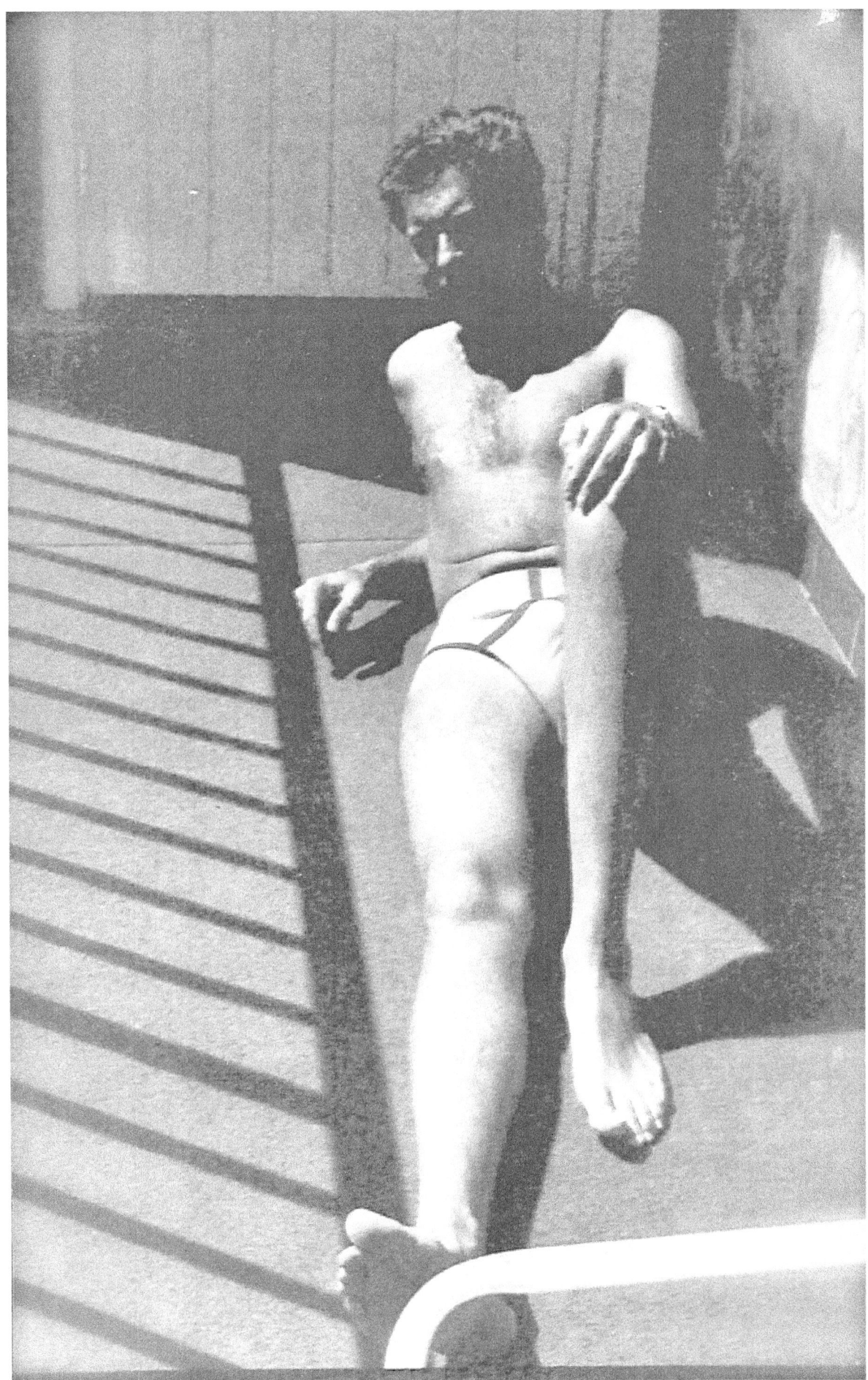

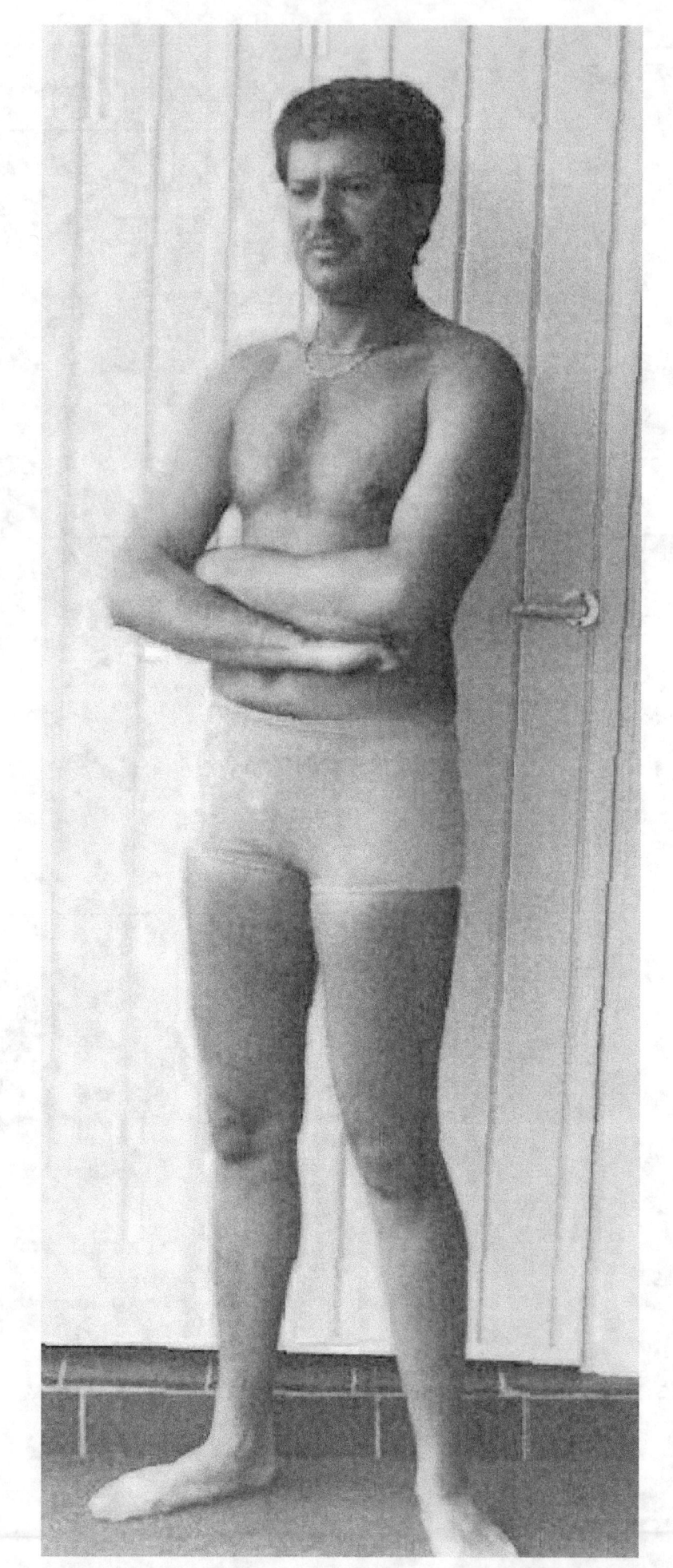

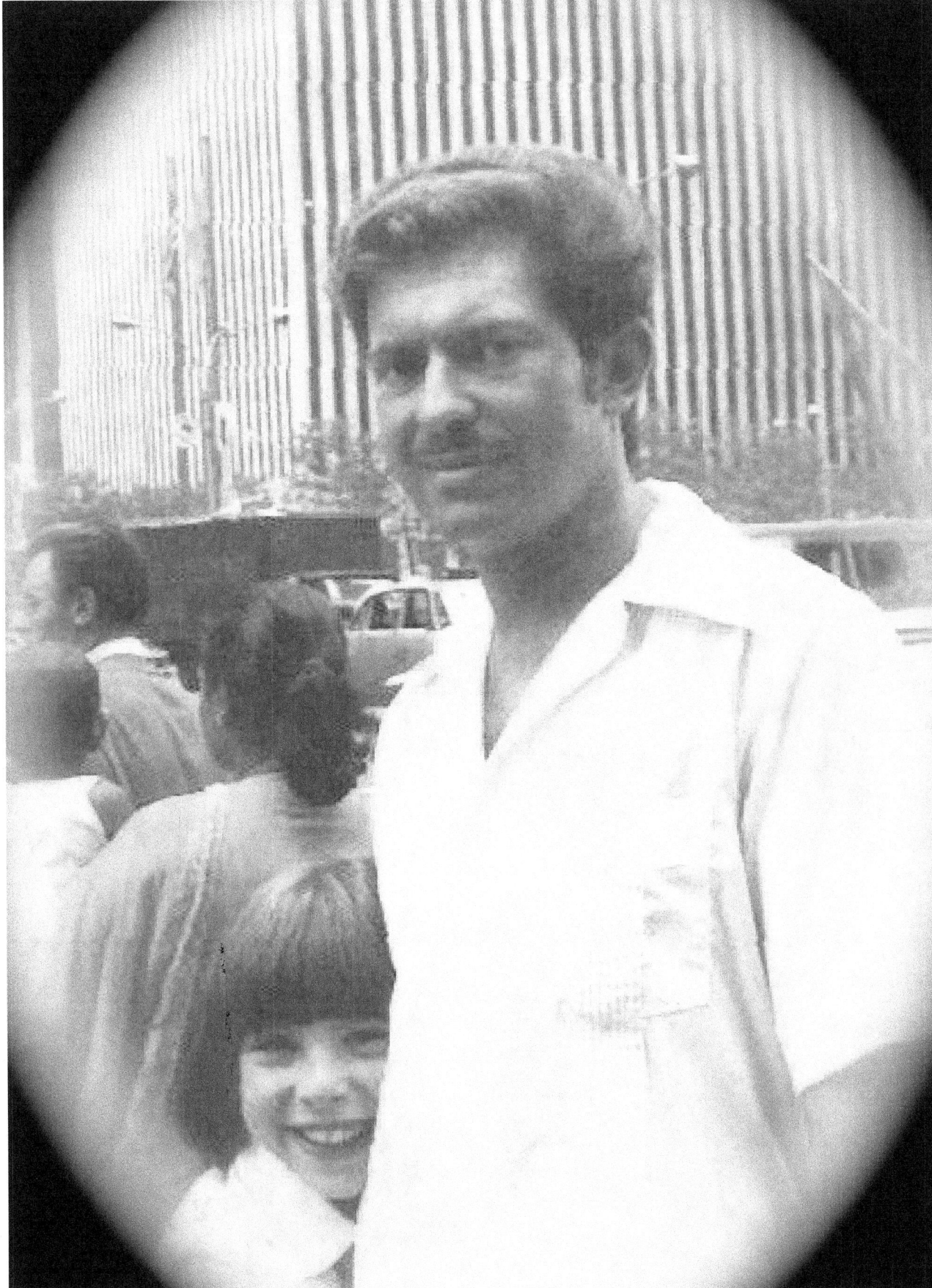

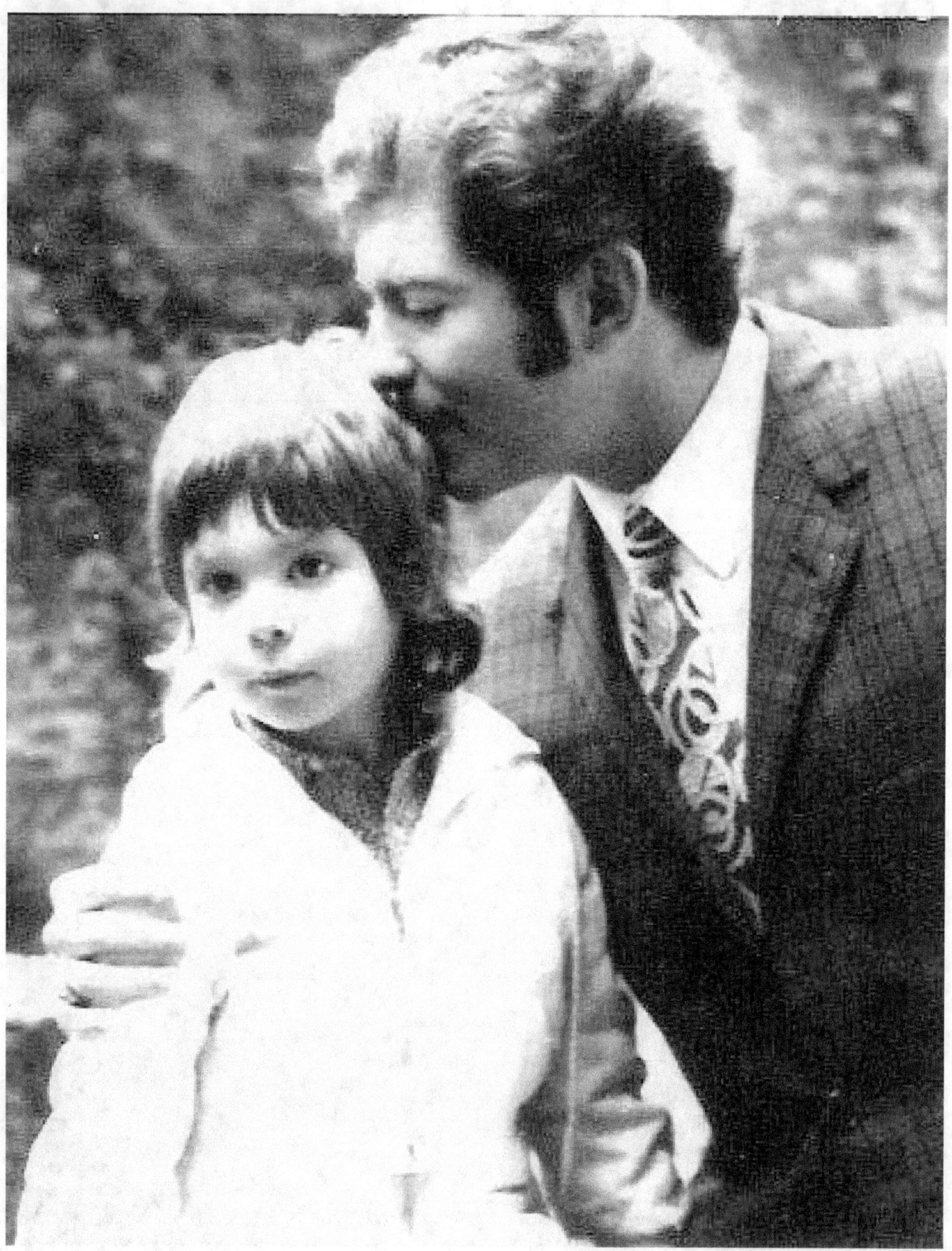

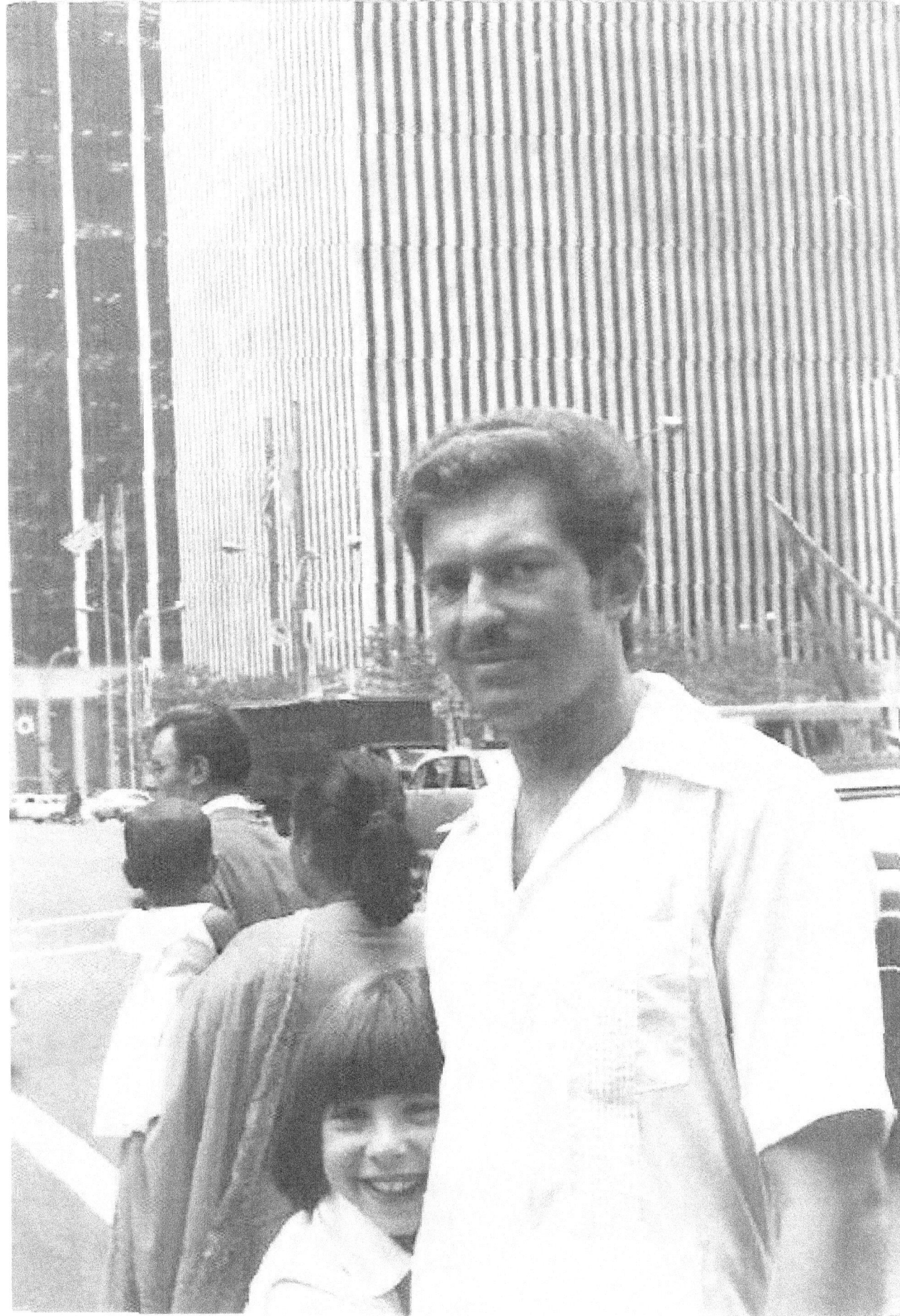

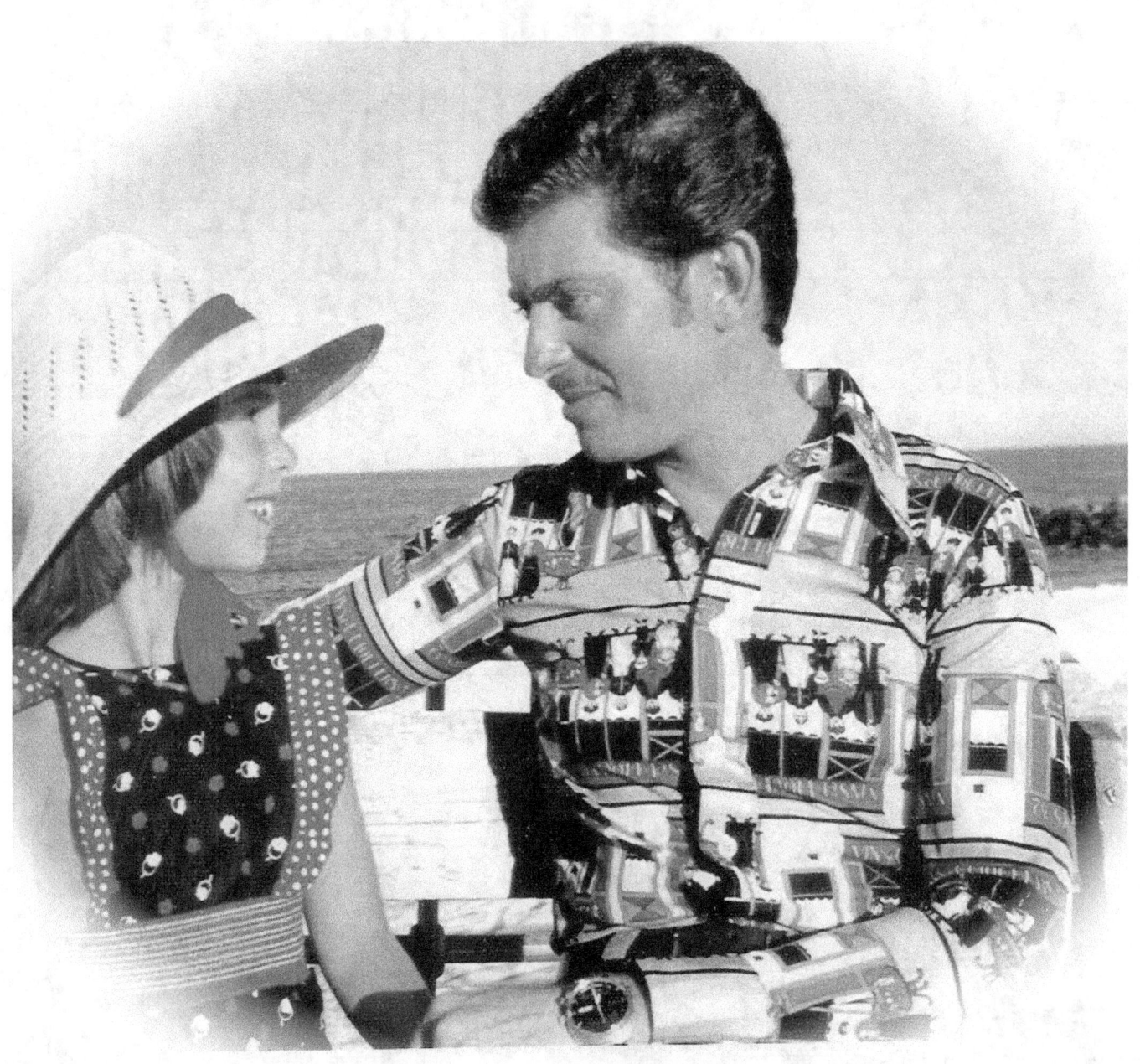

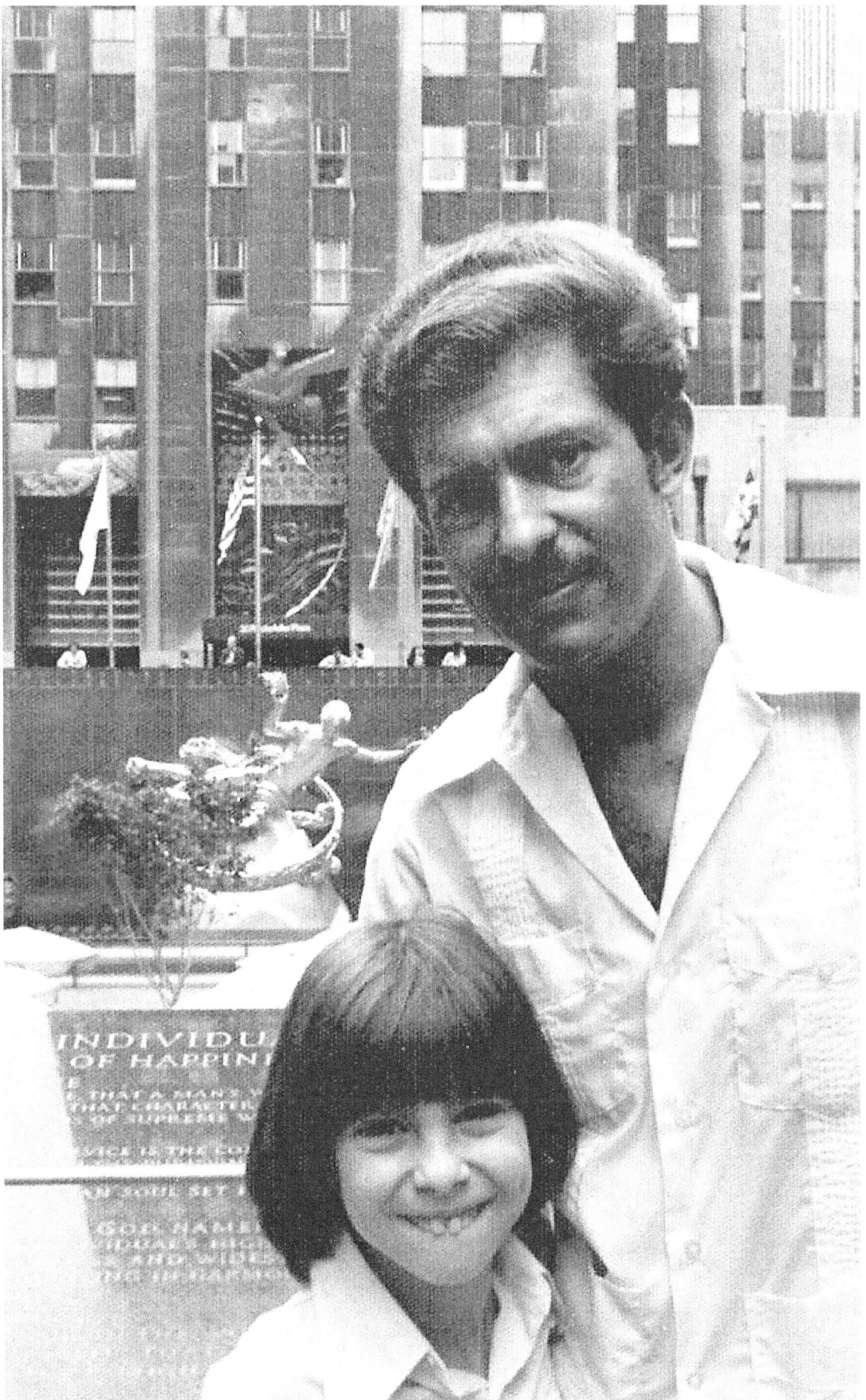

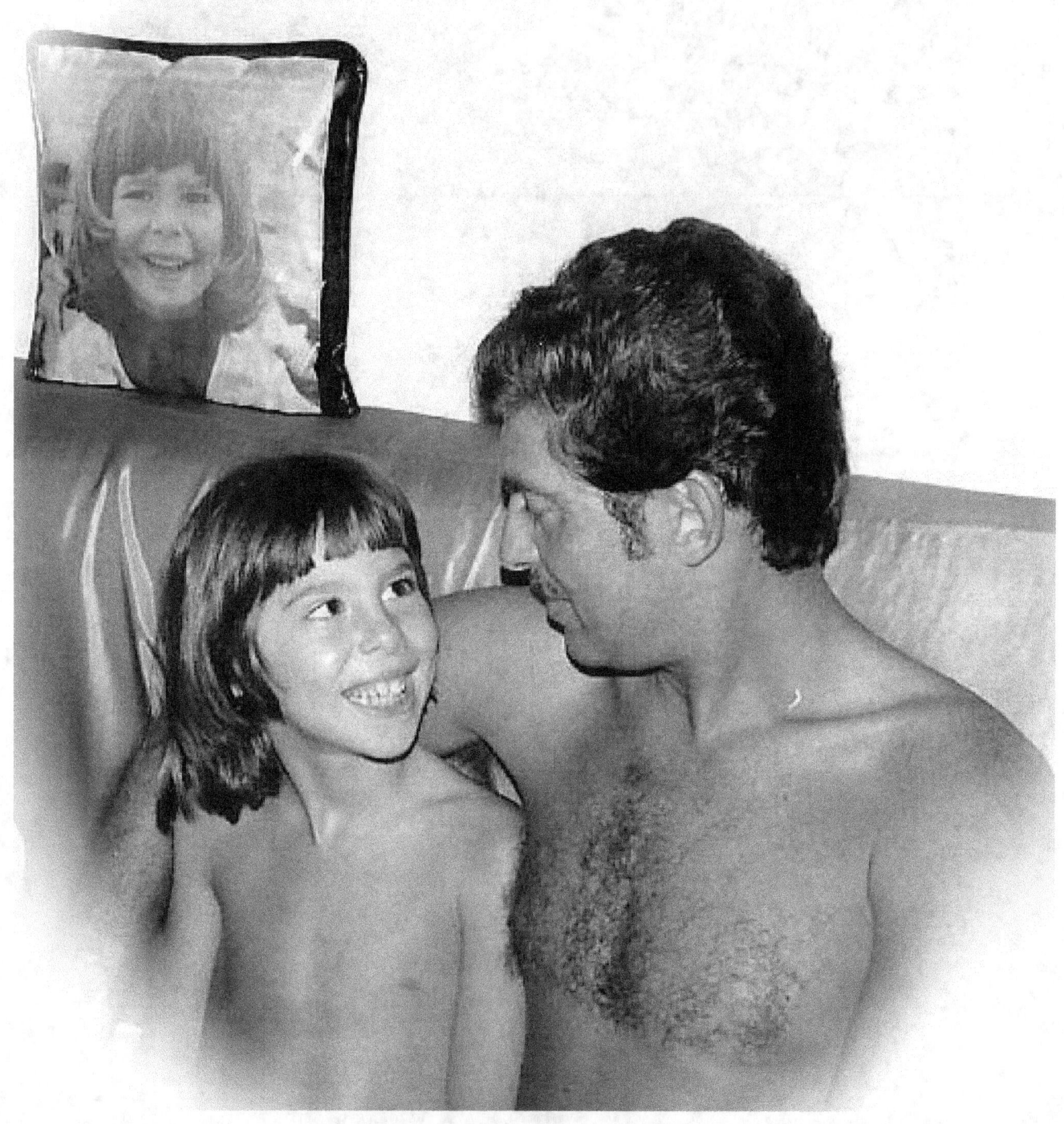

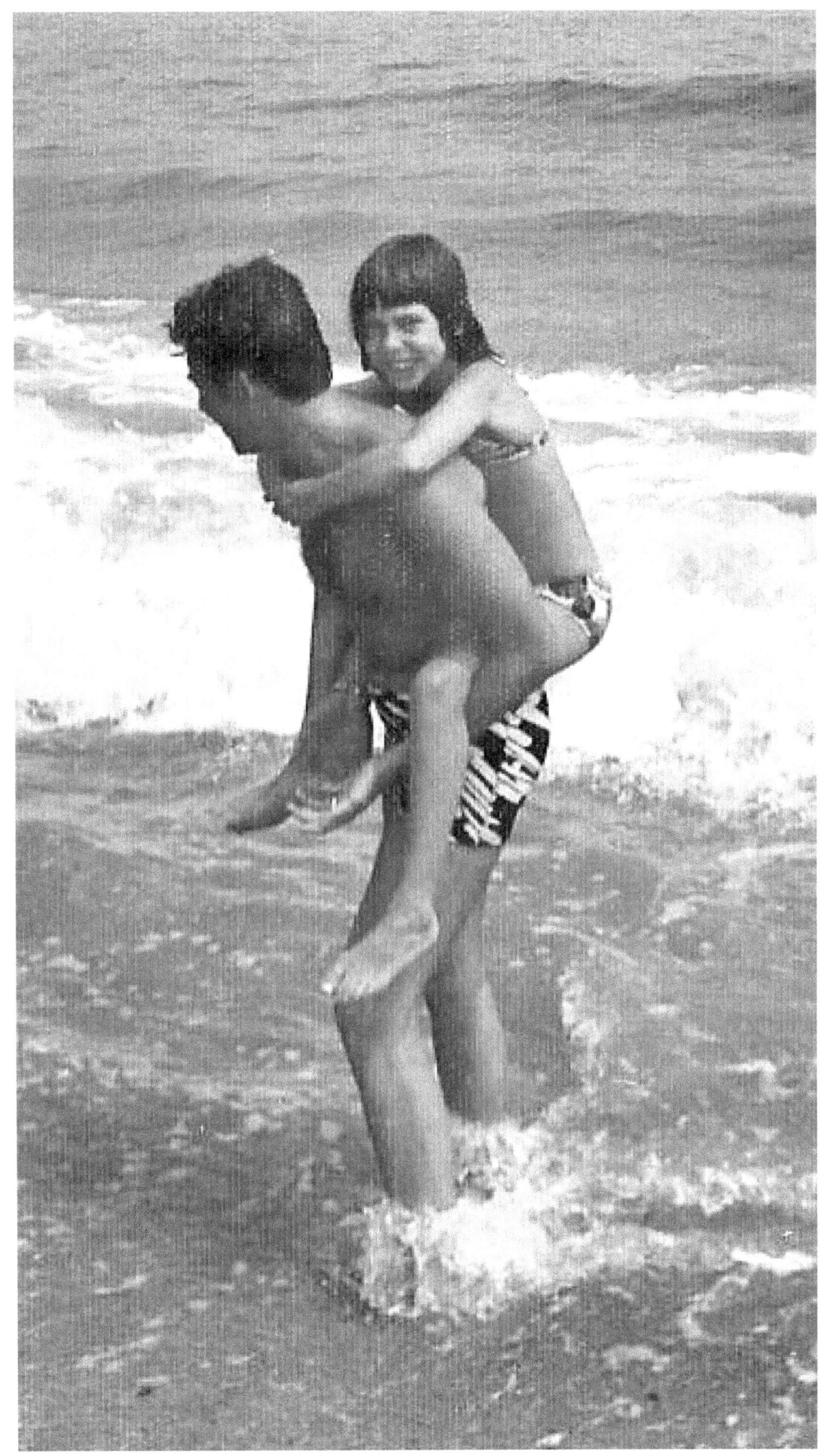

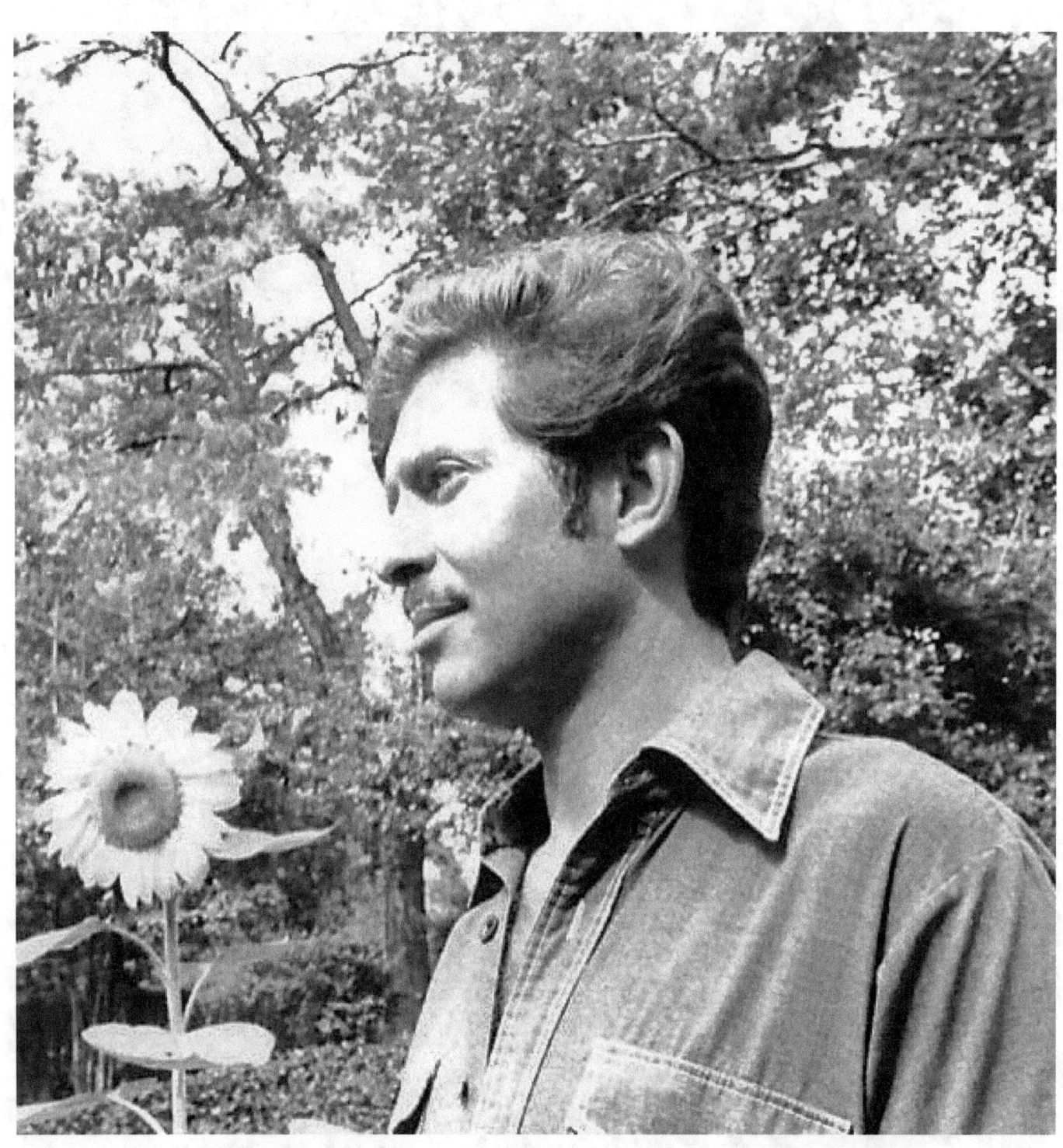

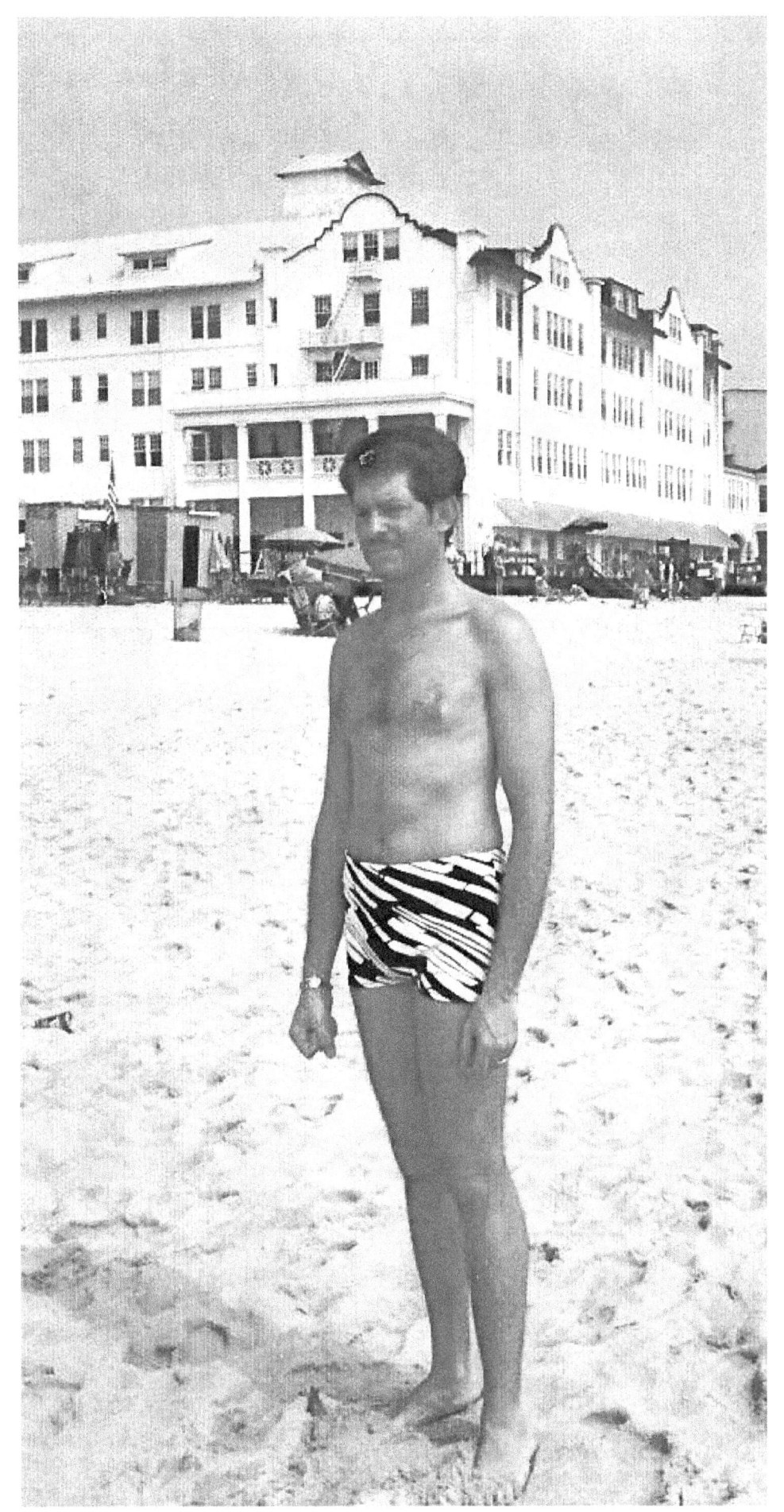

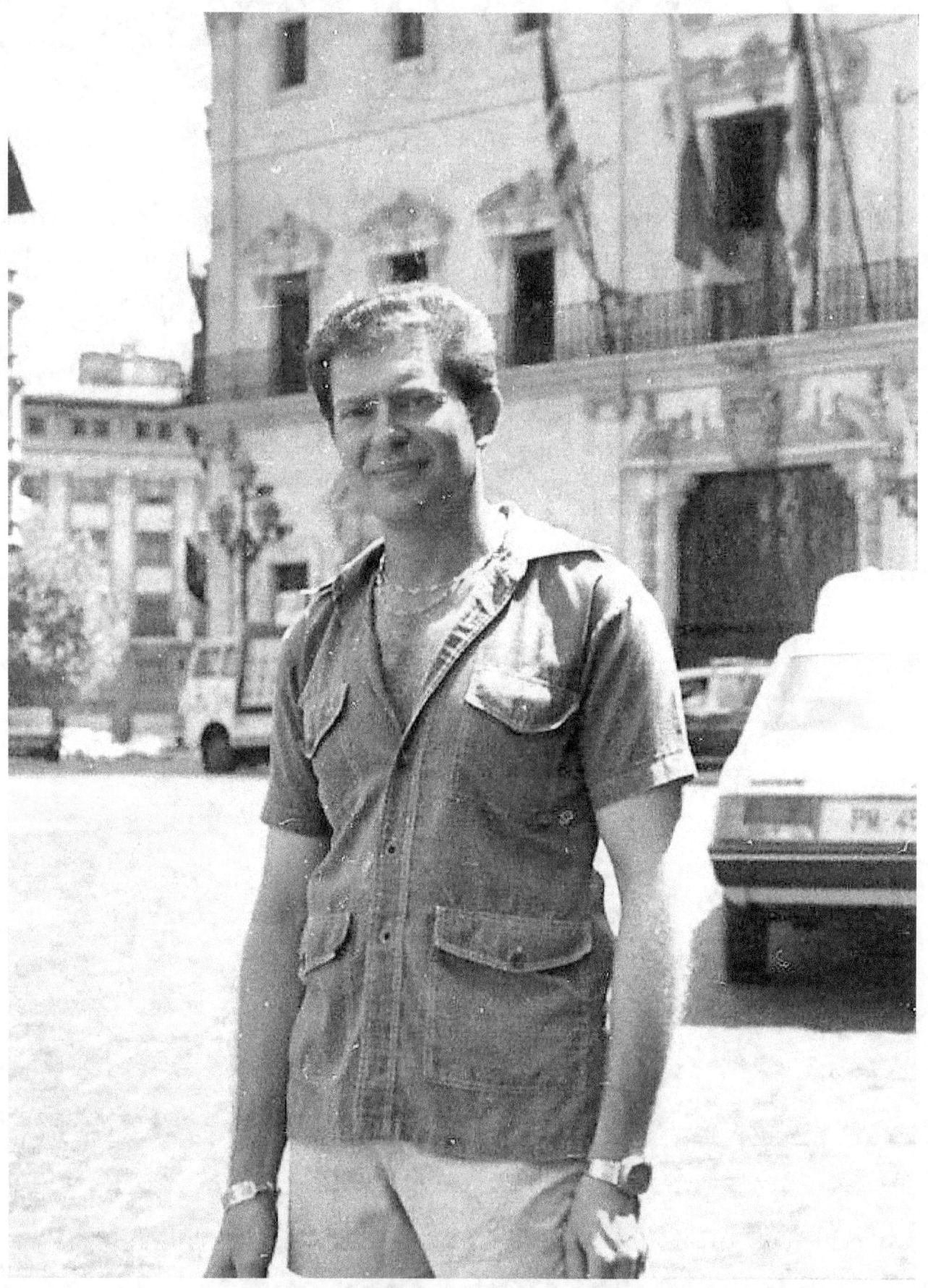

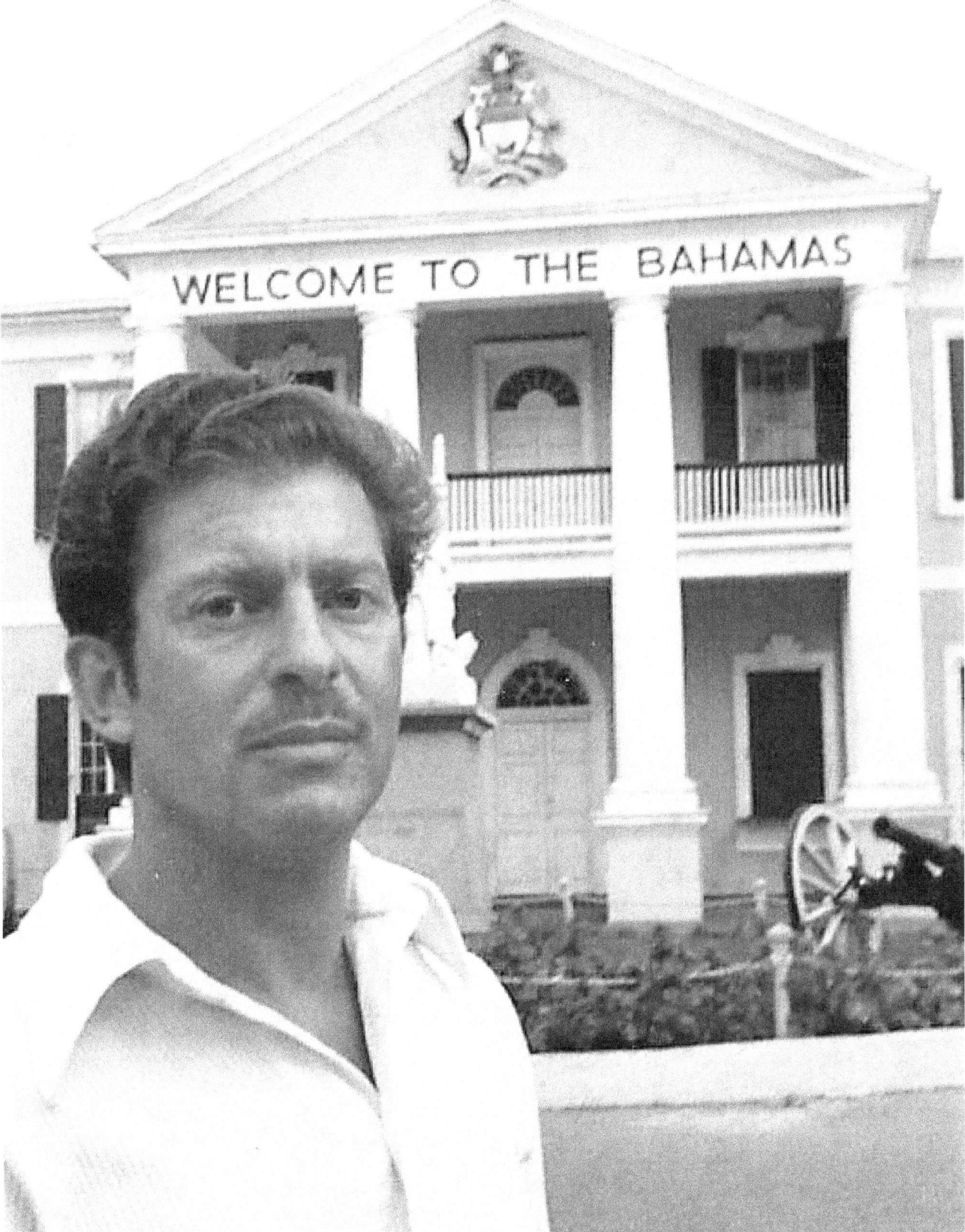

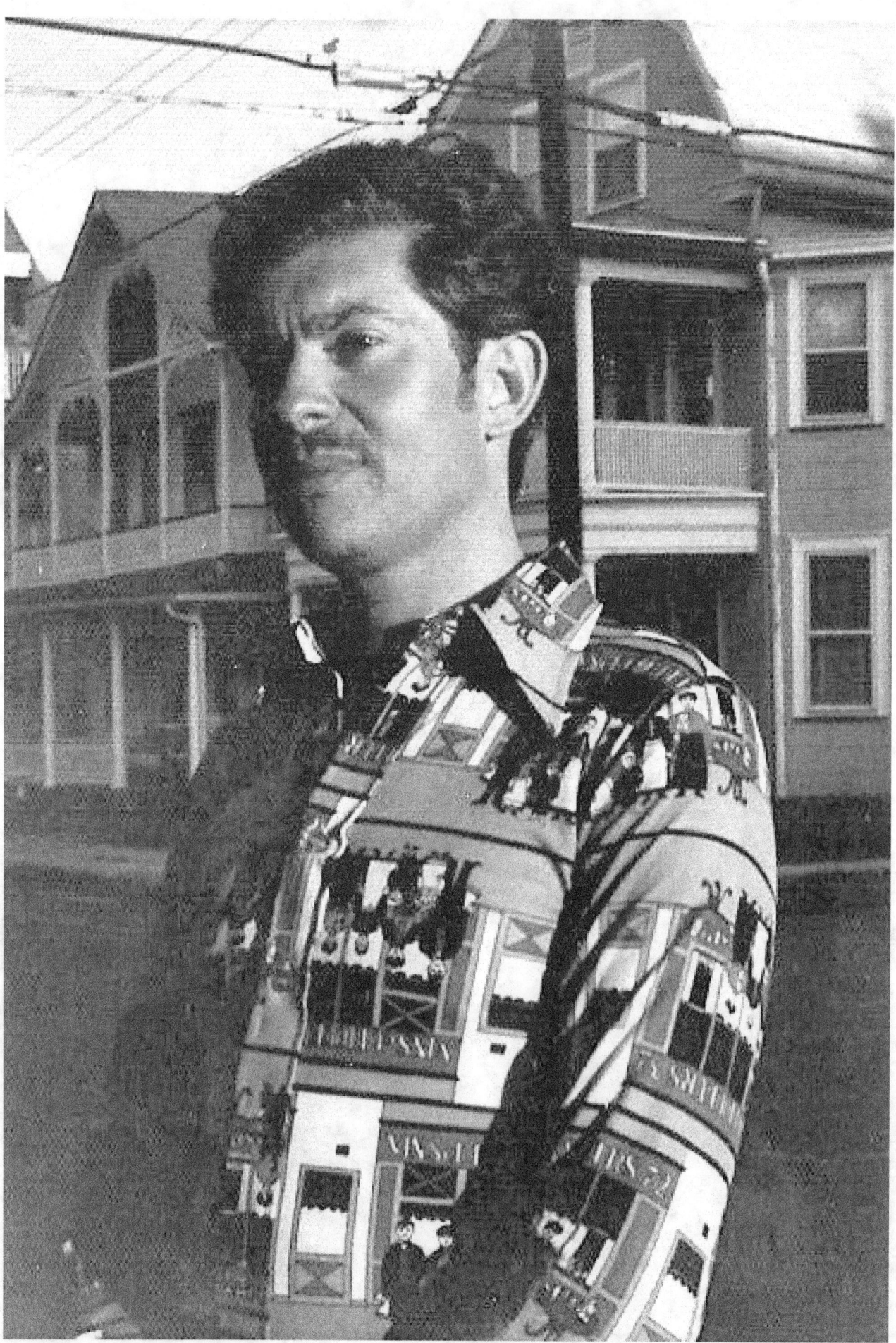

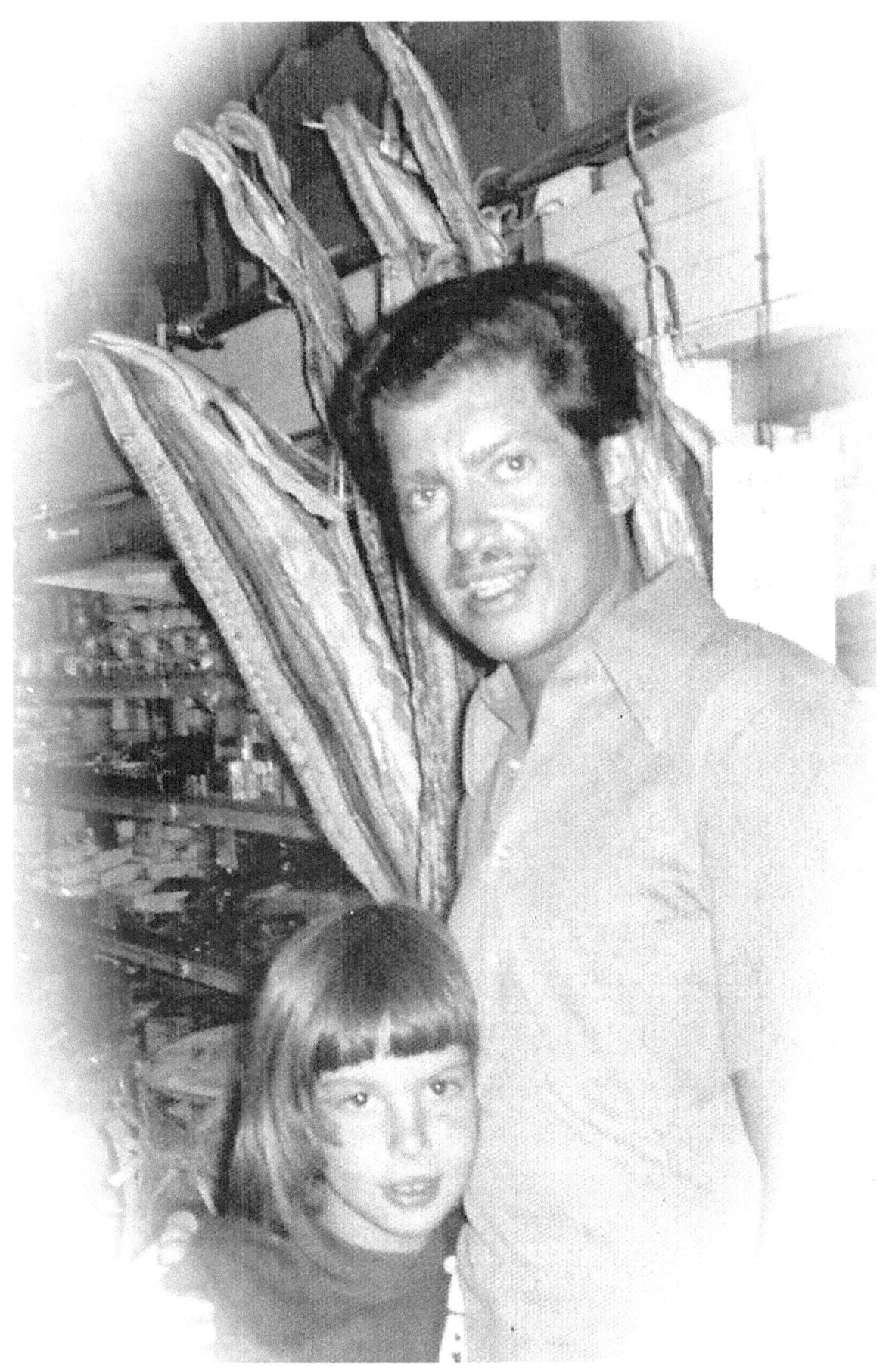

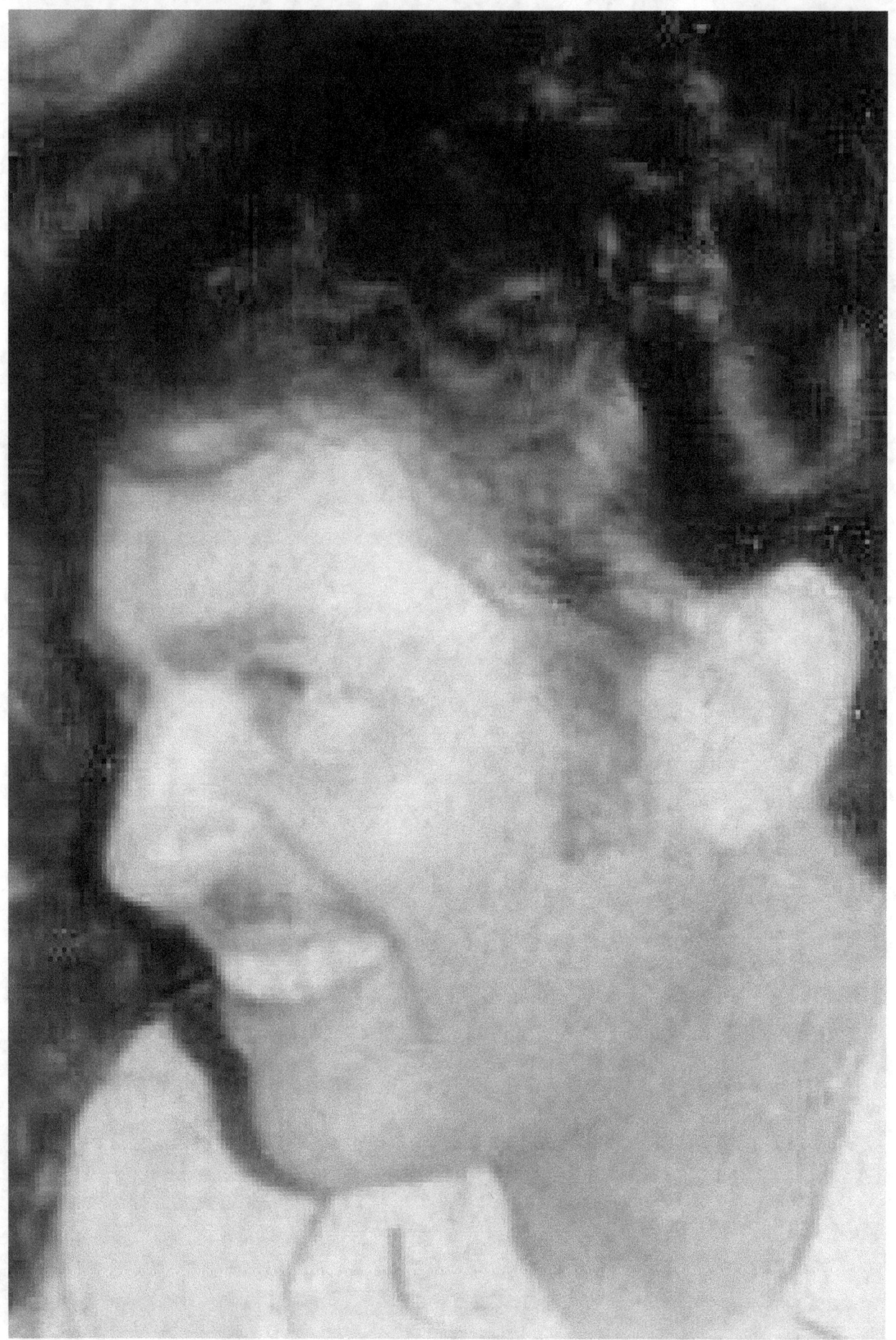

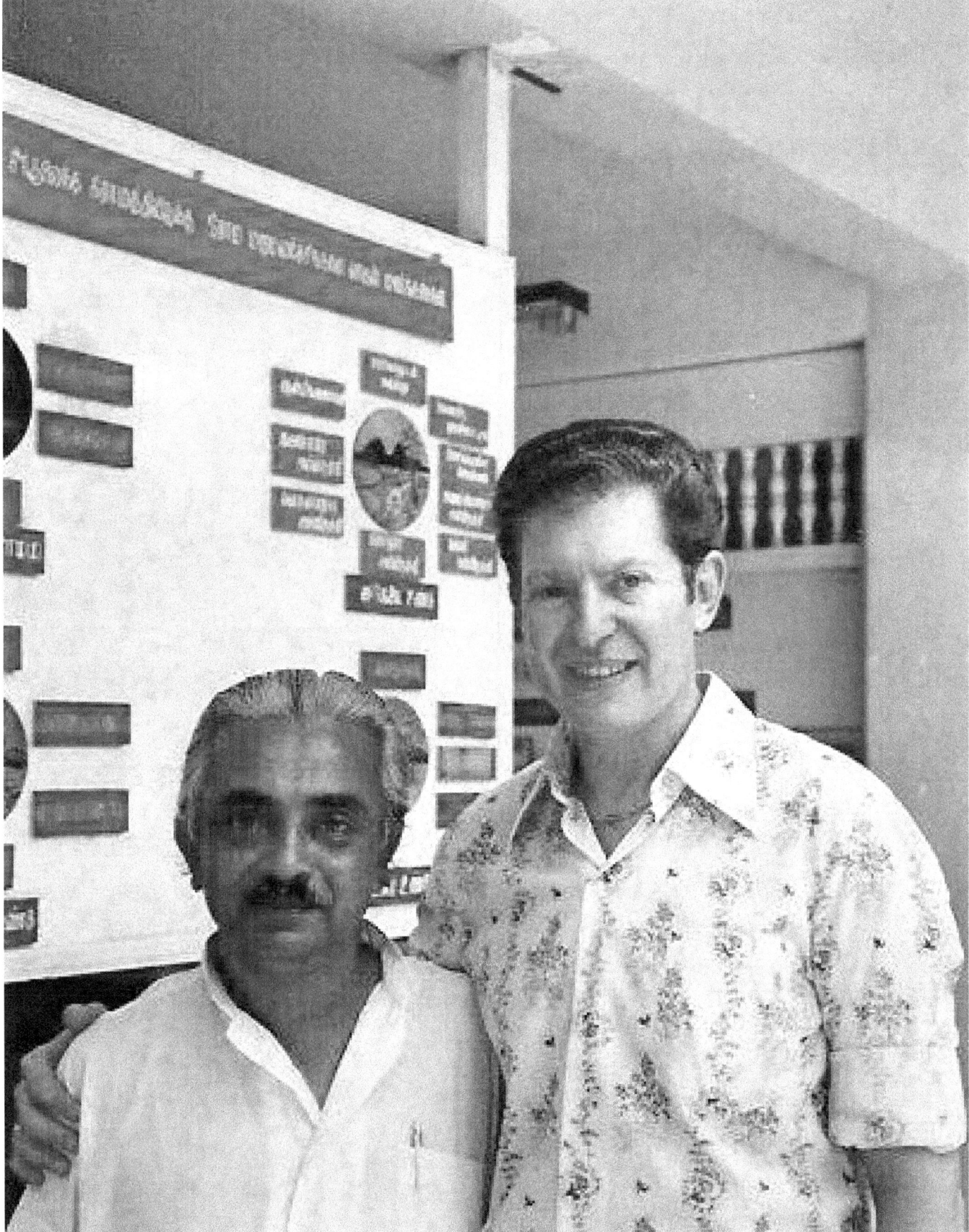

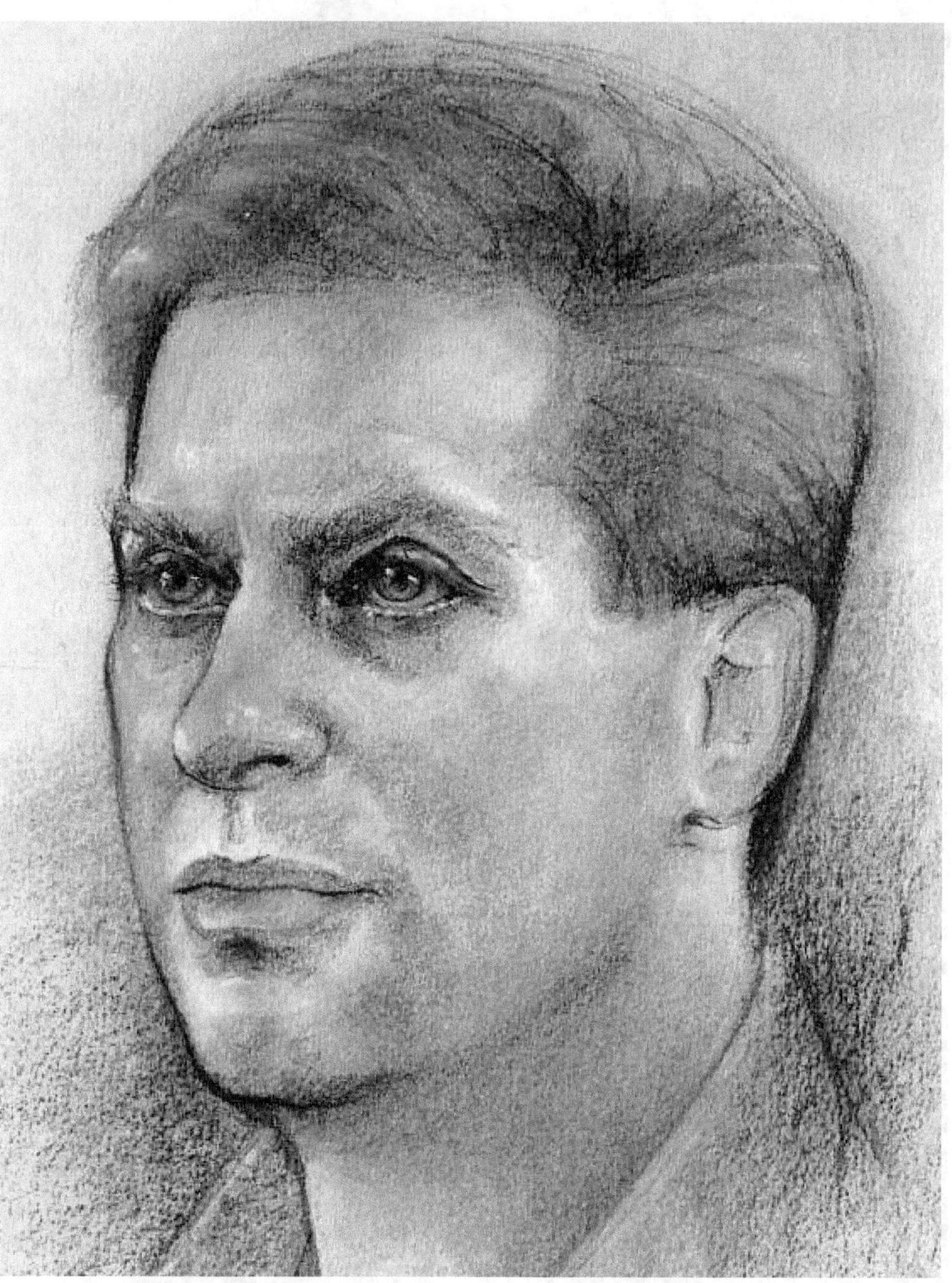

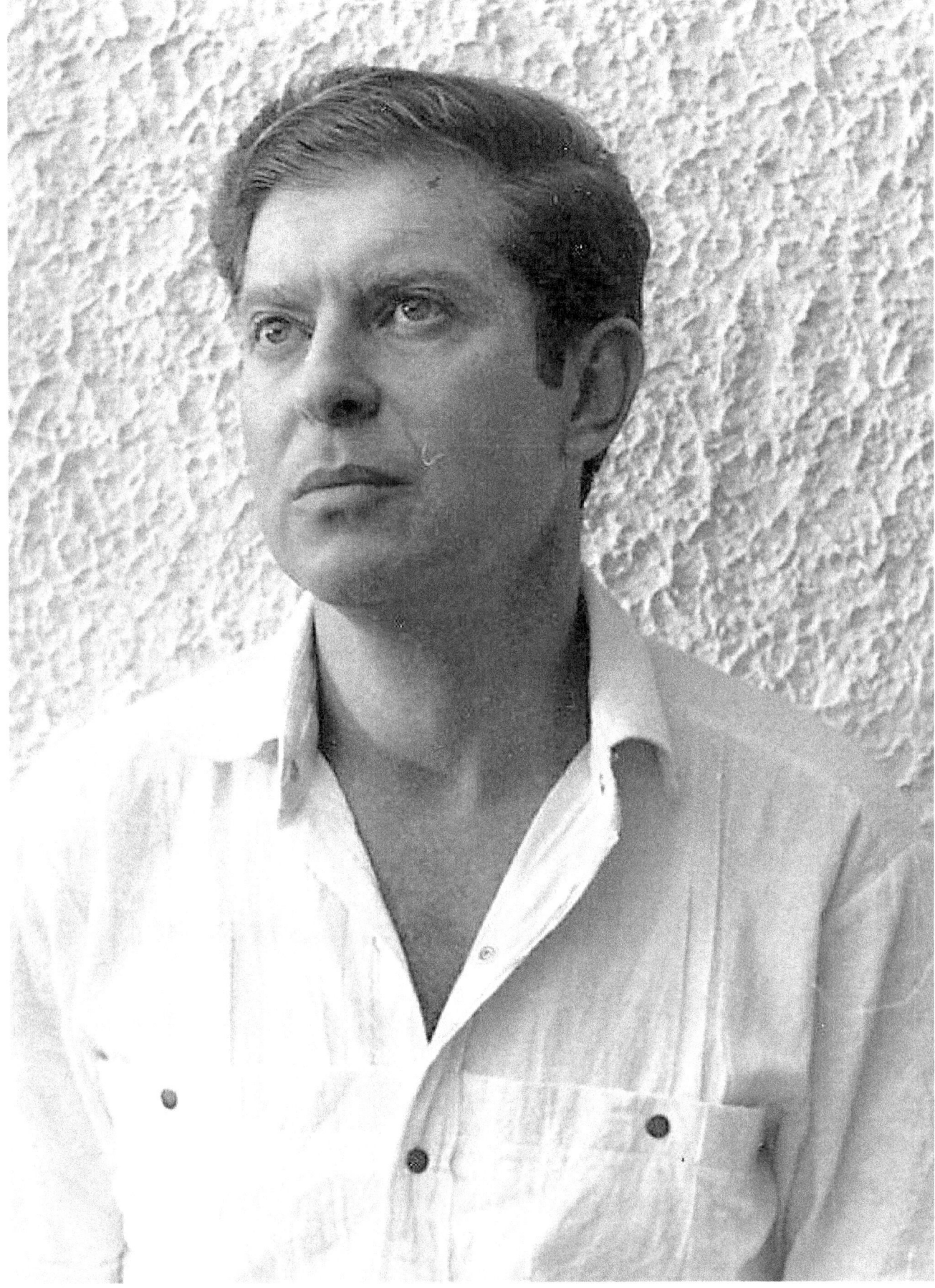

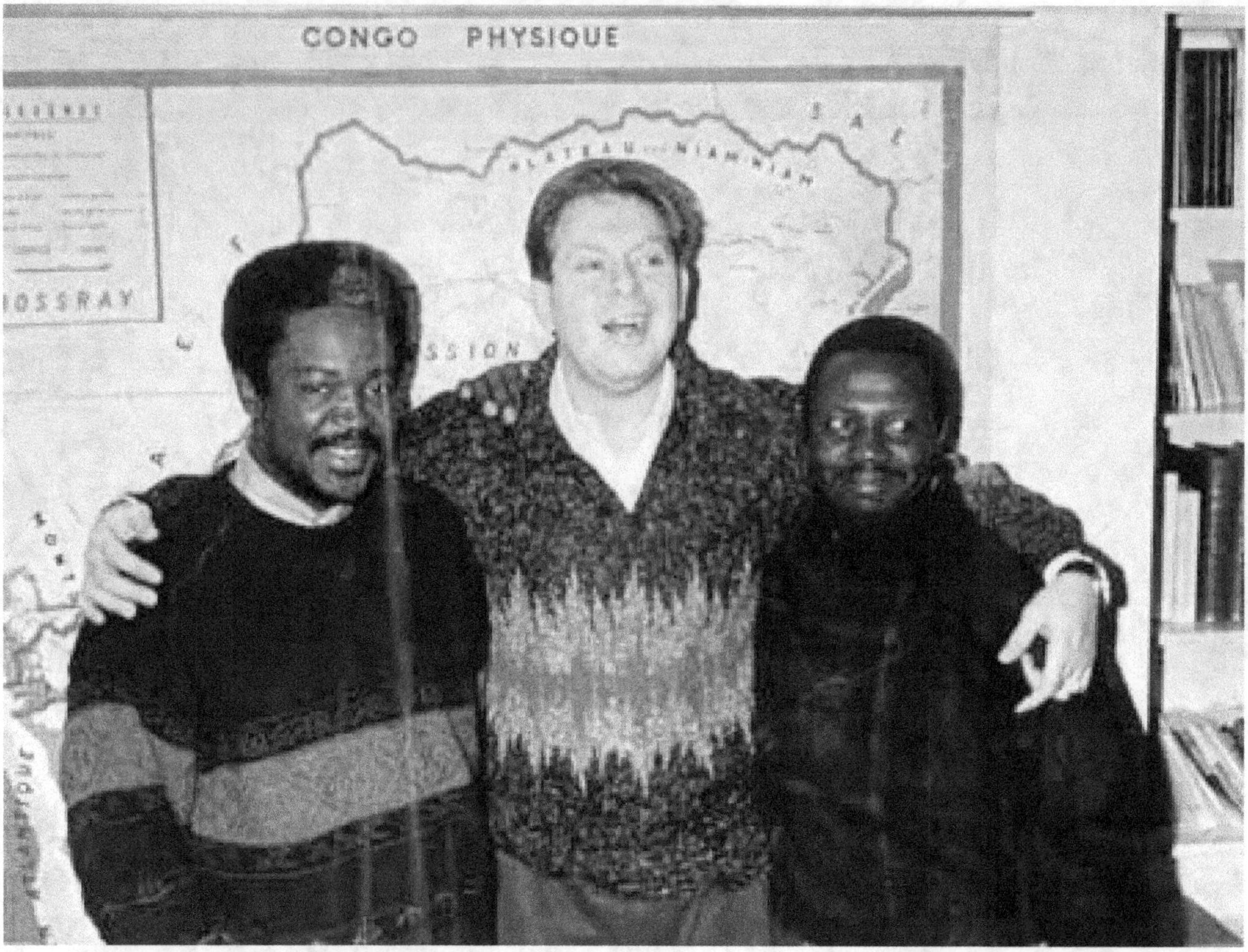

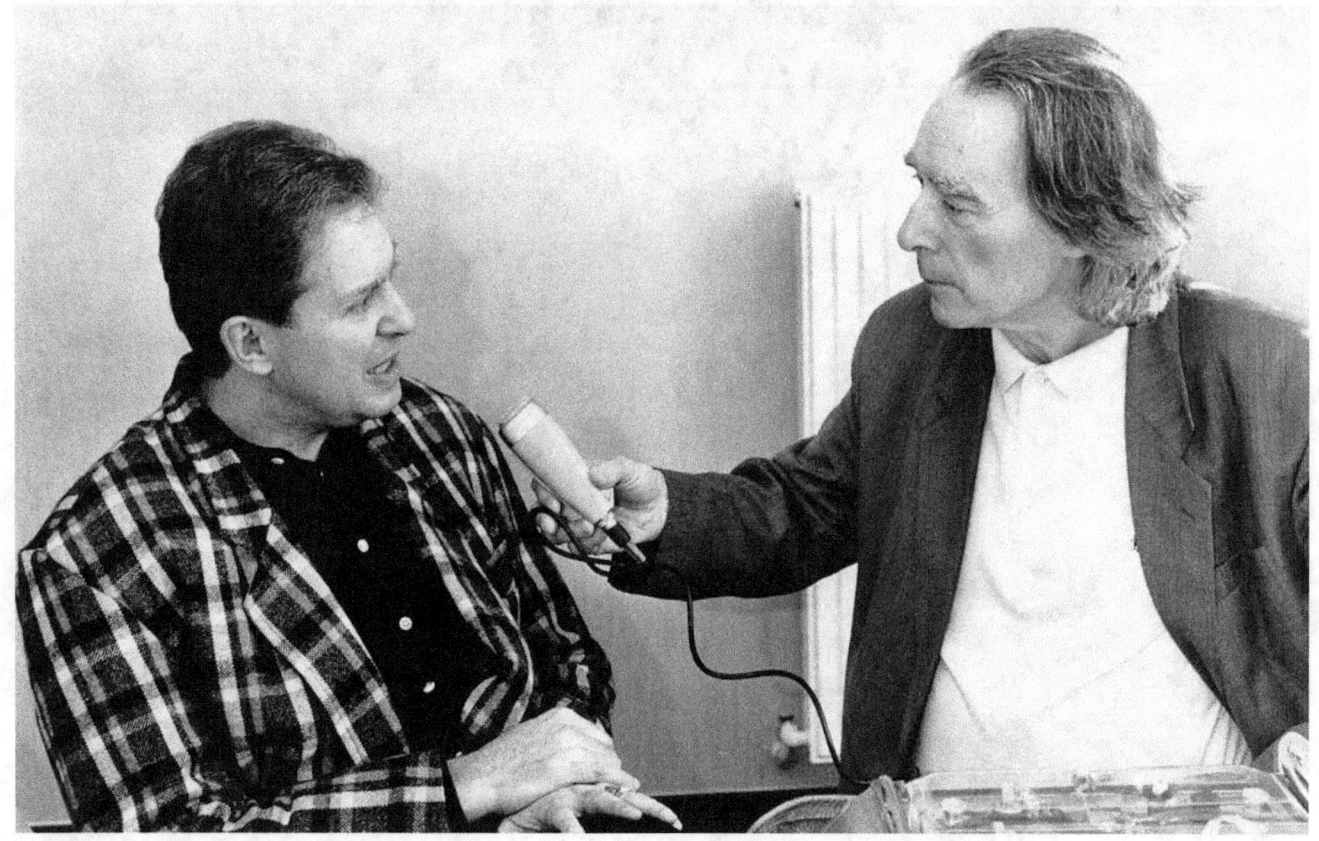

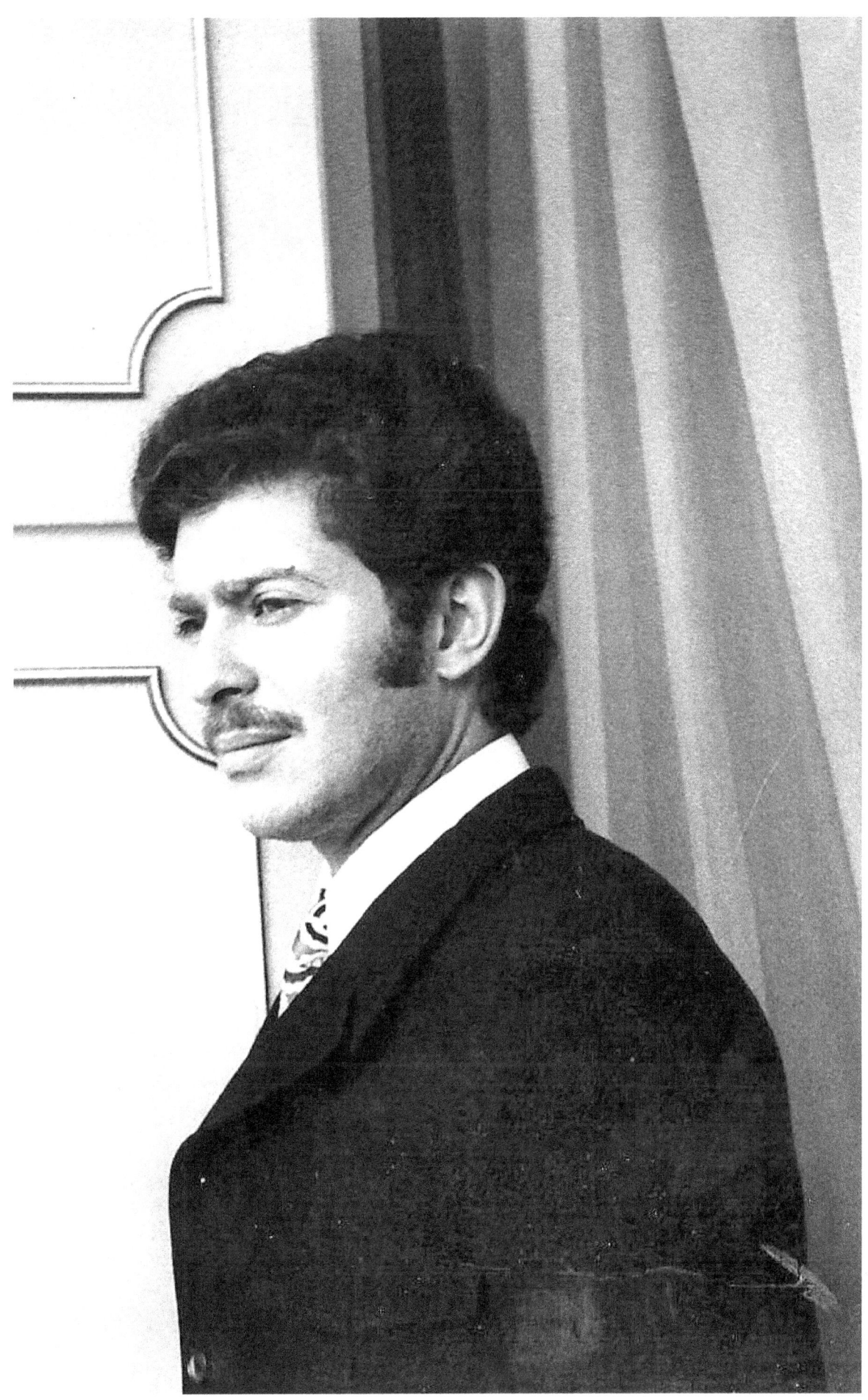

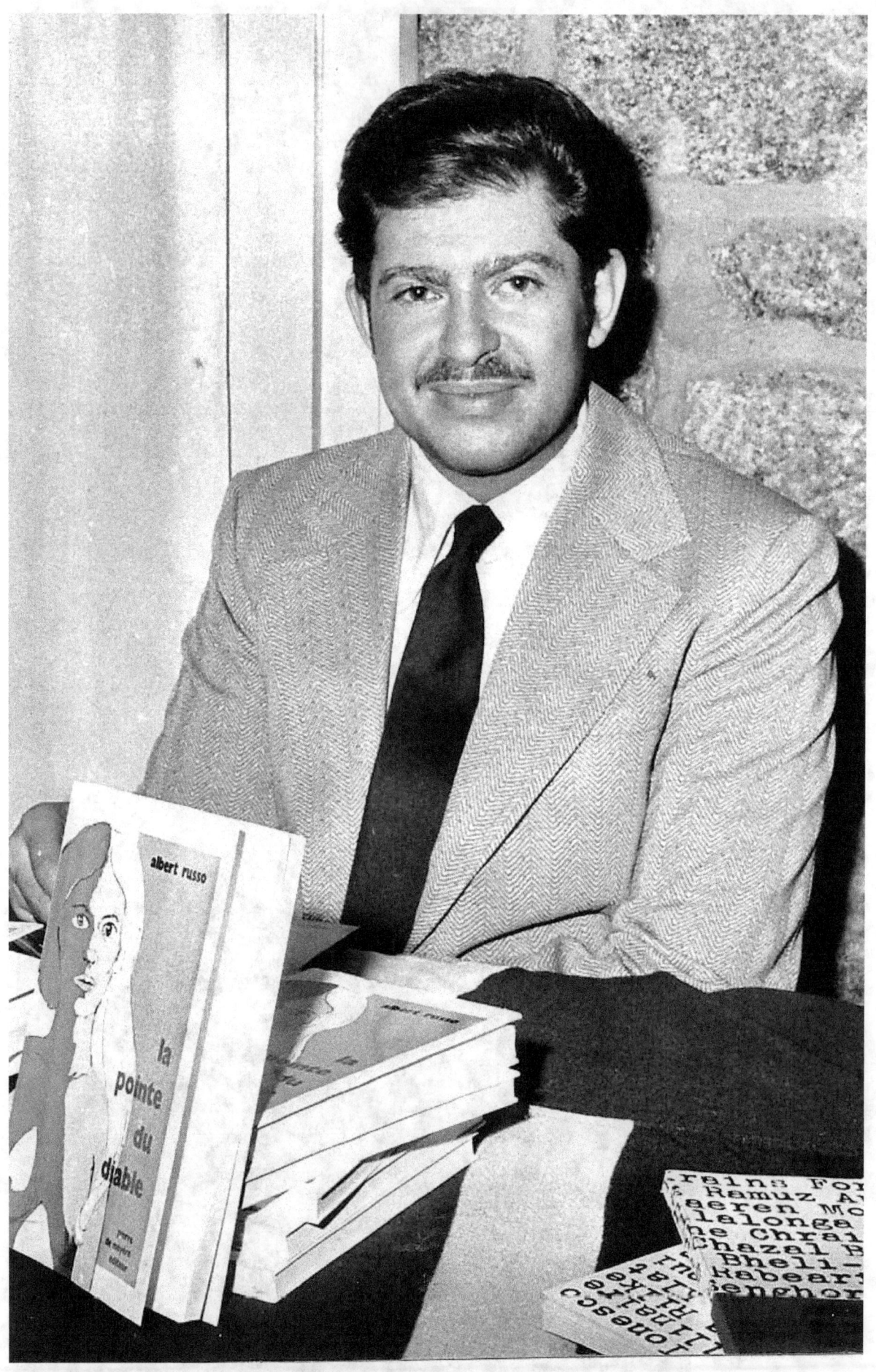

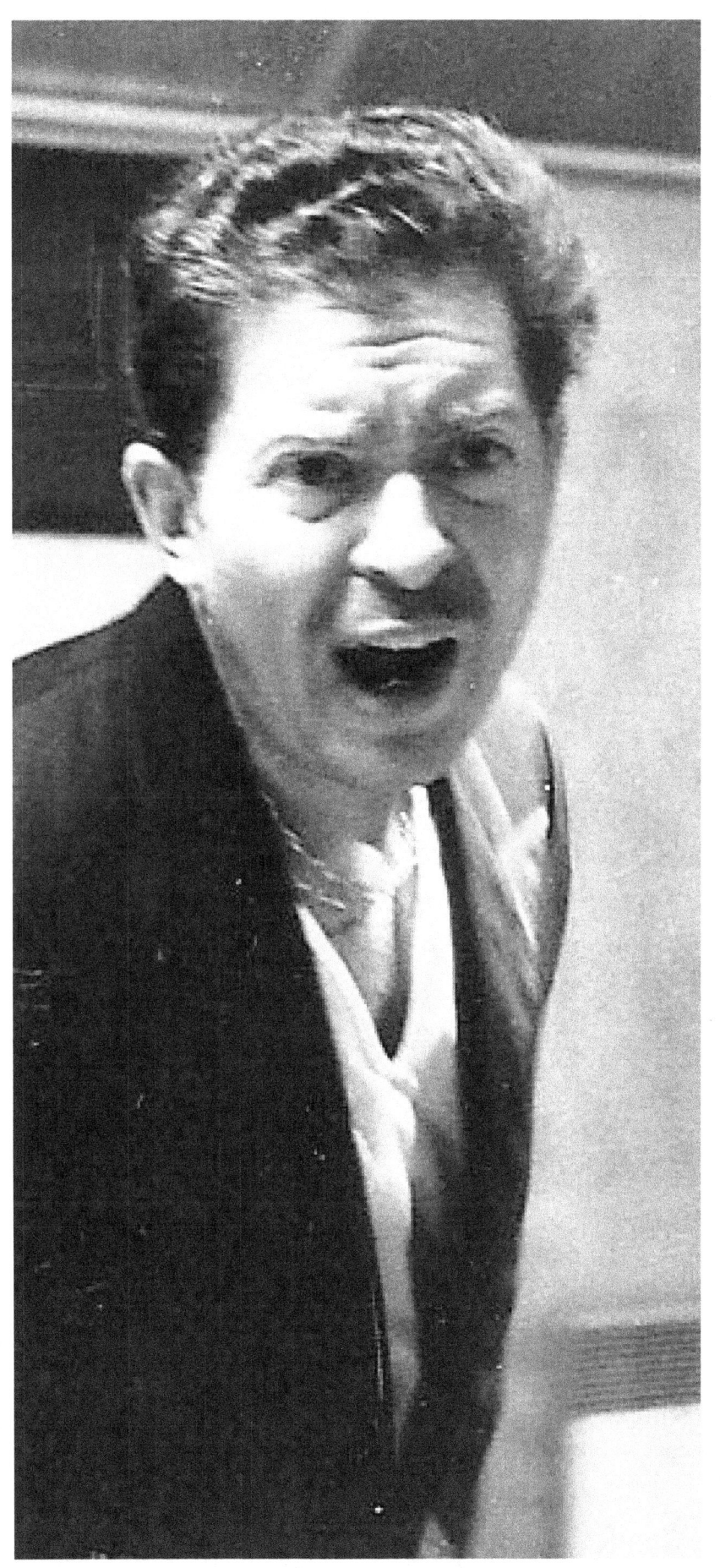

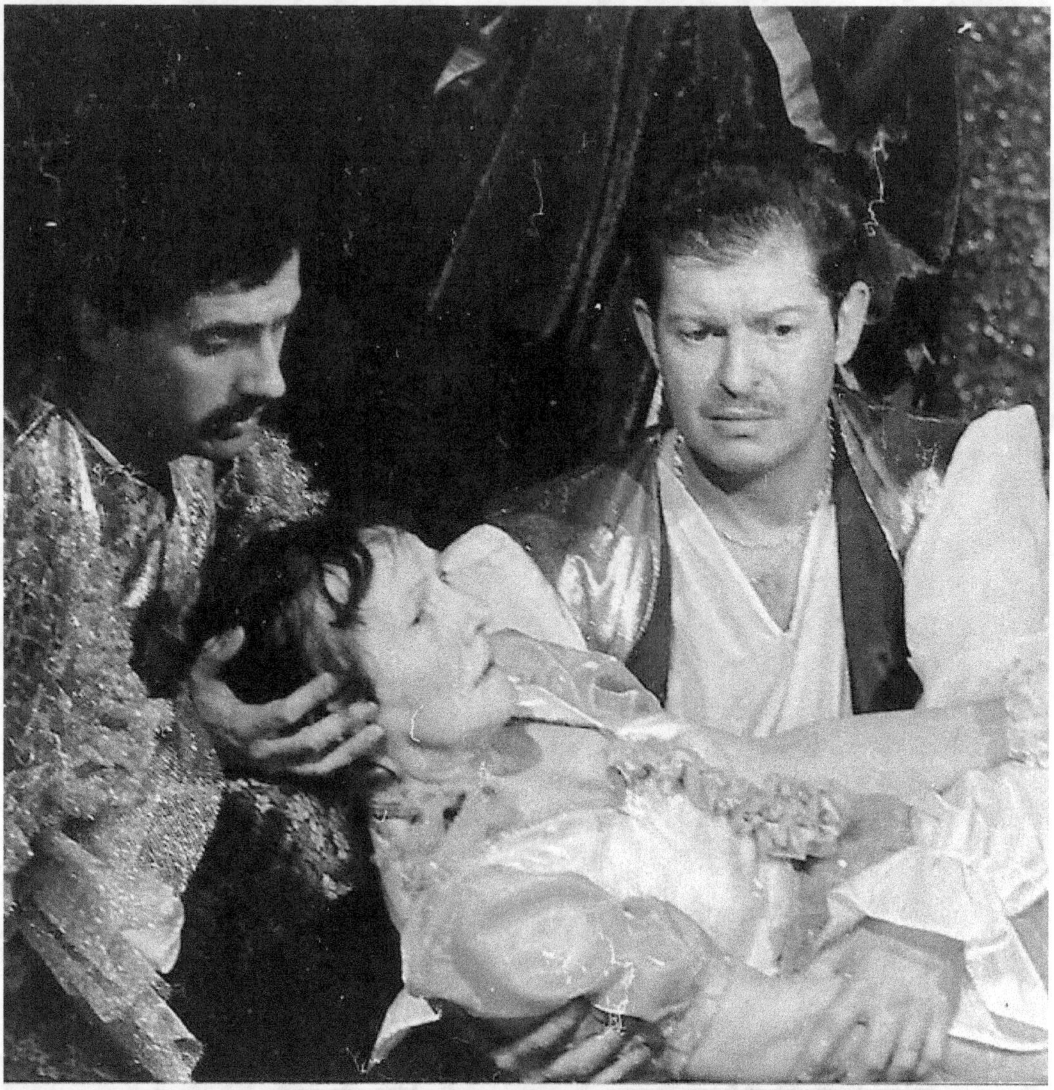

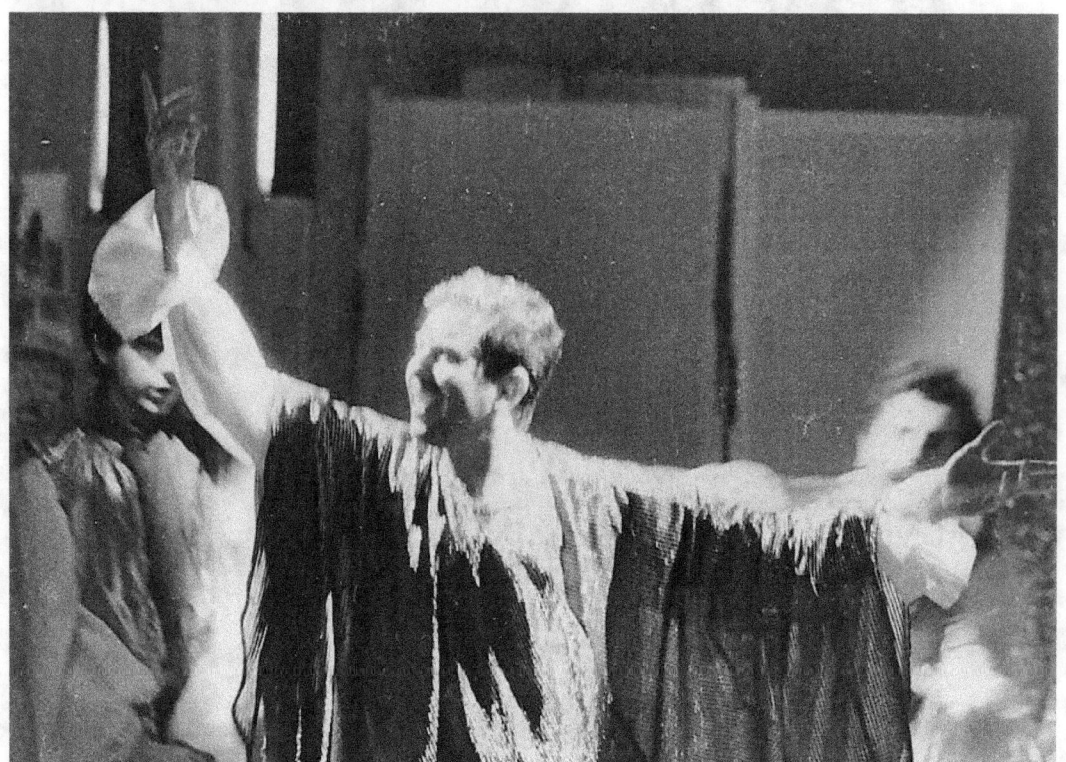

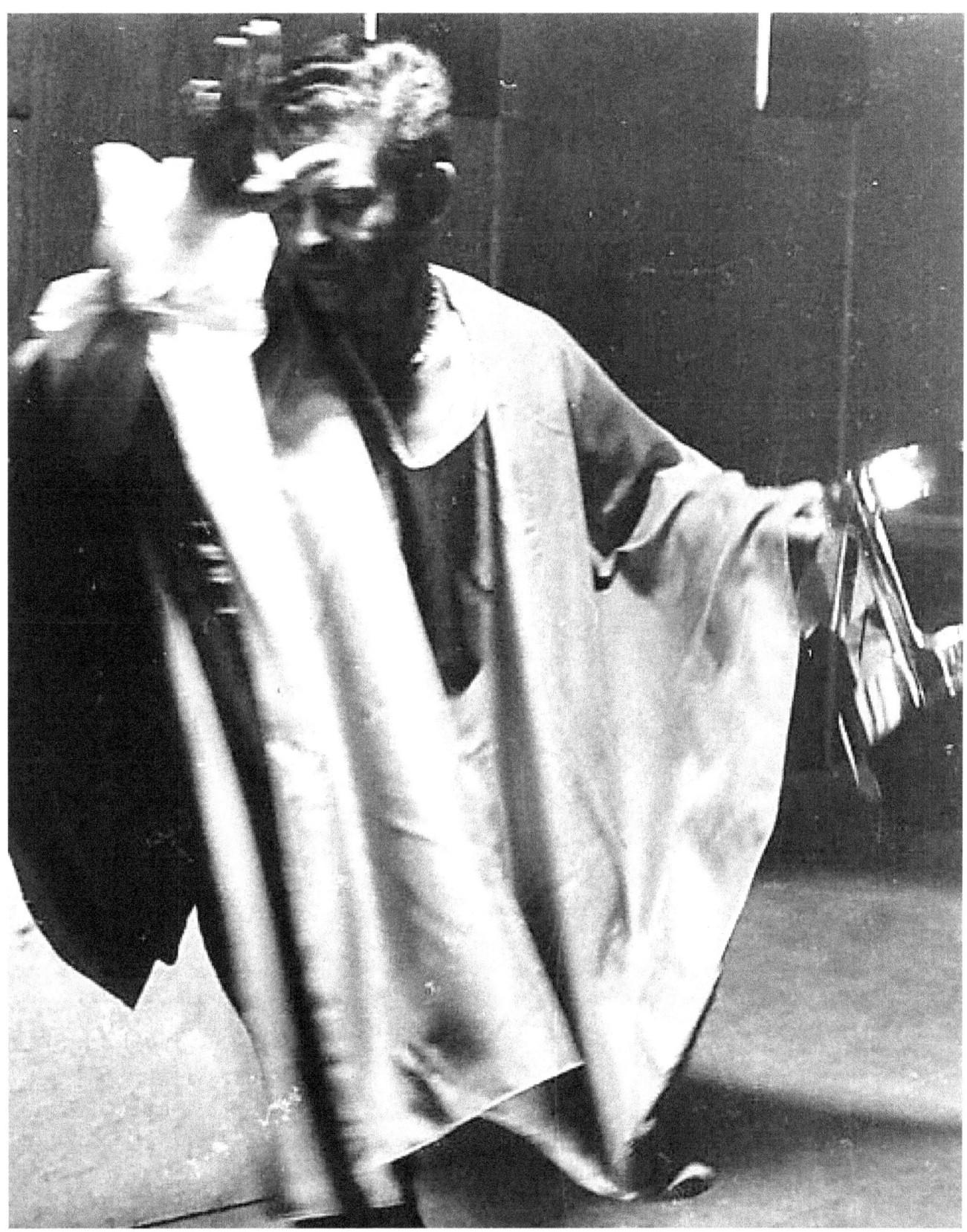

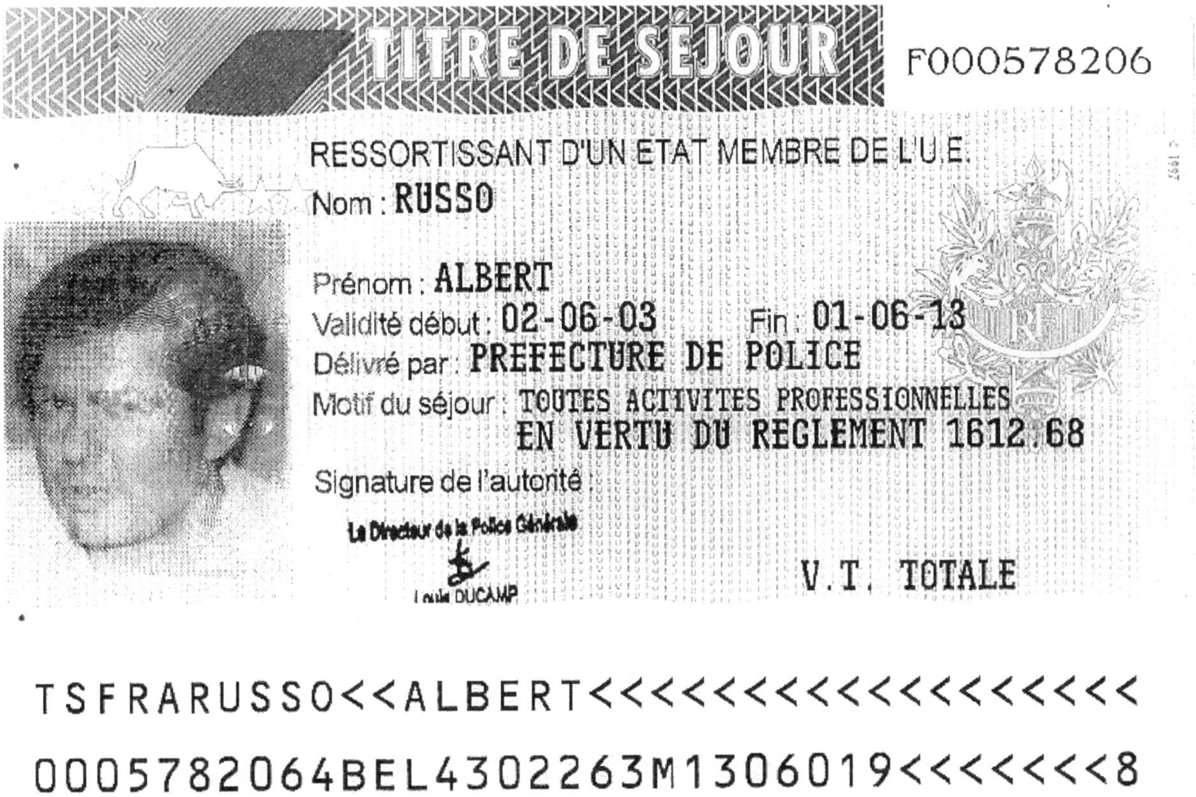

TITRE DE SÉJOUR 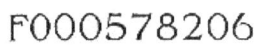 F000578206

RESSORTISSANT D'UN ETAT MEMBRE DE L'U.E.

Nom : **RUSSO**

Prénom : **ALBERT**

Validité début : **02-06-03**   Fin : **01-06-13**

Délivré par : **PREFECTURE DE POLICE**

Motif du séjour : **TOUTES ACTIVITES PROFESSIONNELLES EN VERTU DU REGLEMENT 1612.68**

Signature de l'autorité :

Le Directeur de la Police Générale

Louis DUCAMP

V.T. TOTALE

TSFRARUSSO<<ALBERT<<<<<<<<<<<<<<<<<<<

0005782064BEL4302263M1306019<<<<<<<8

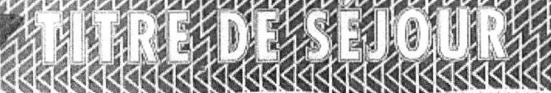

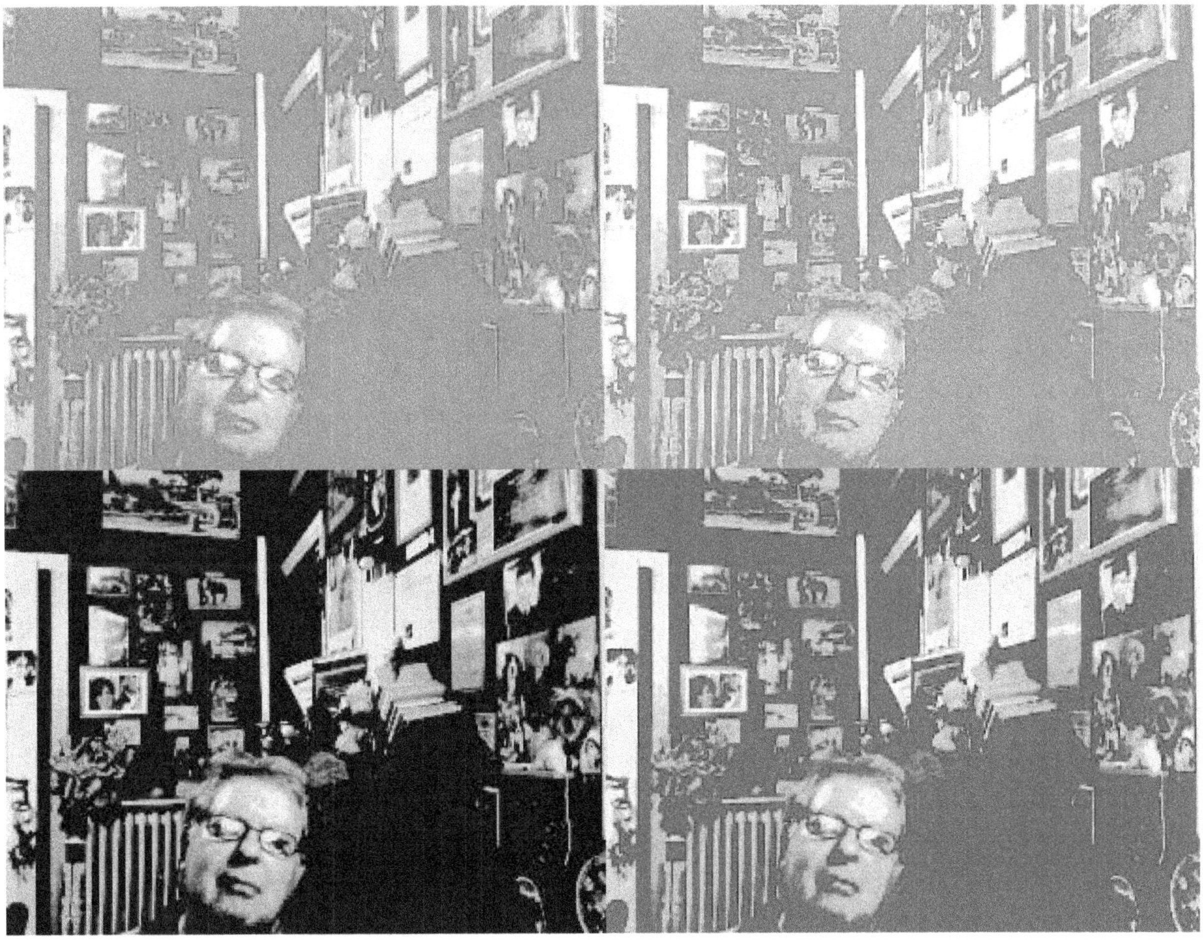

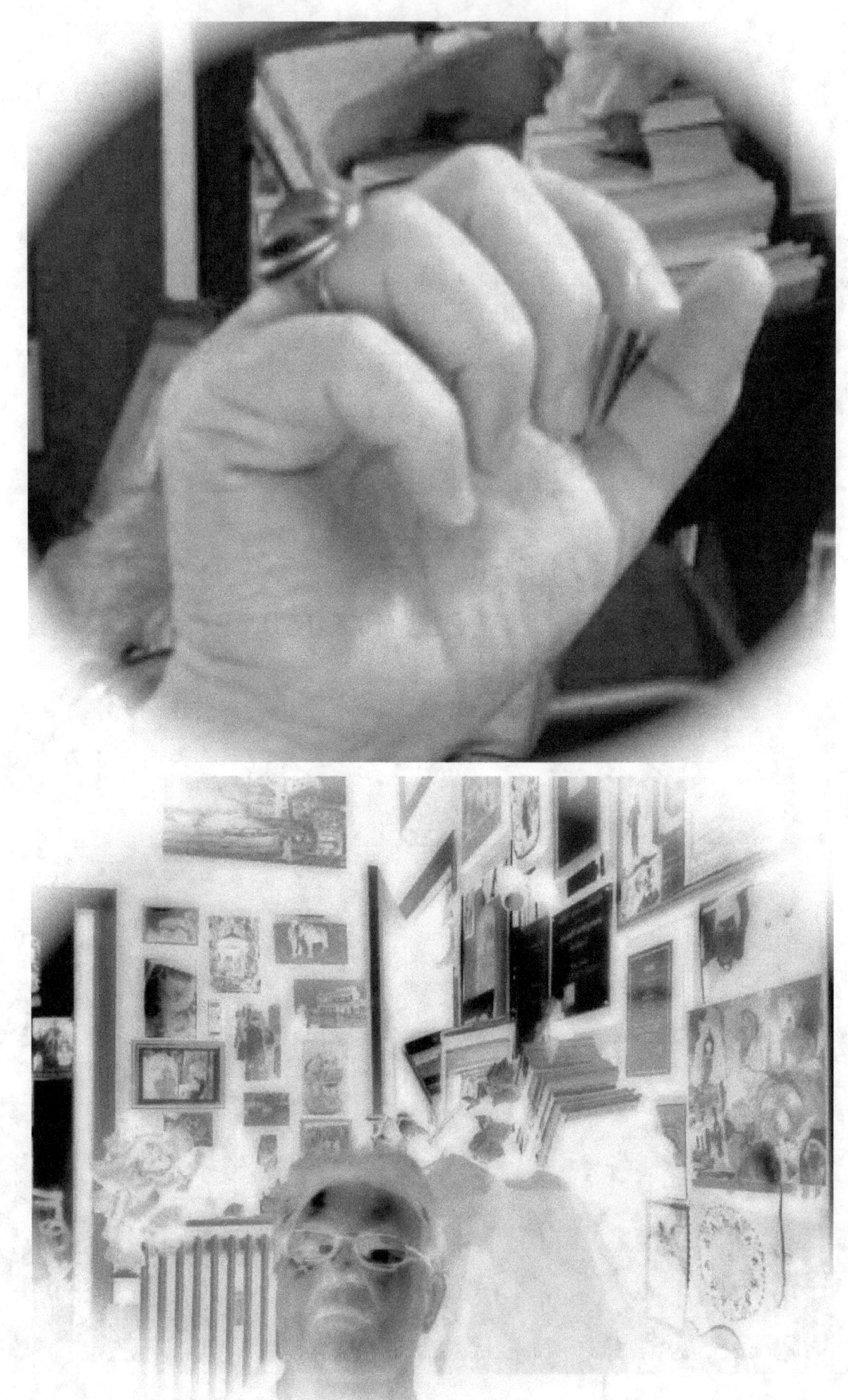

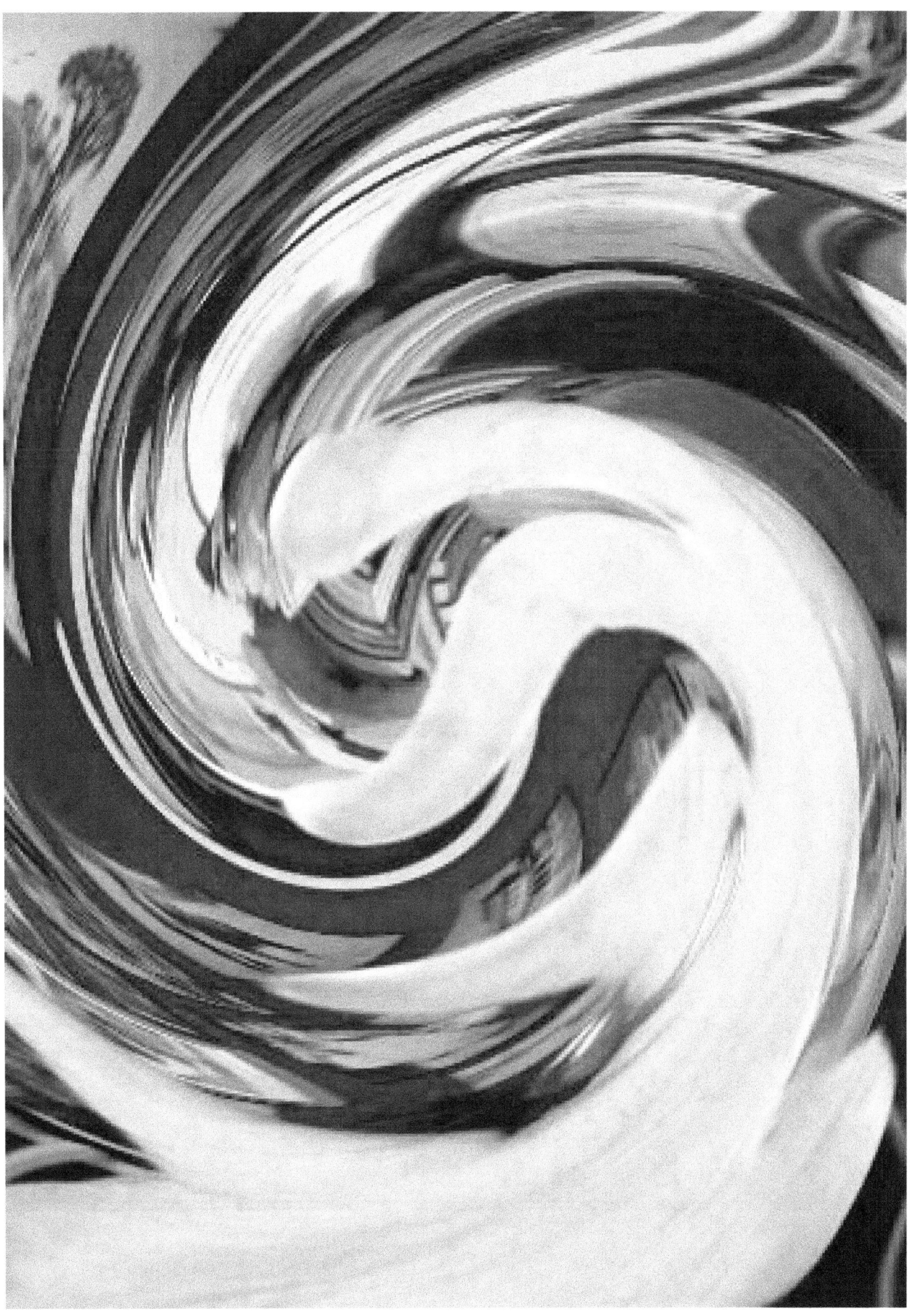

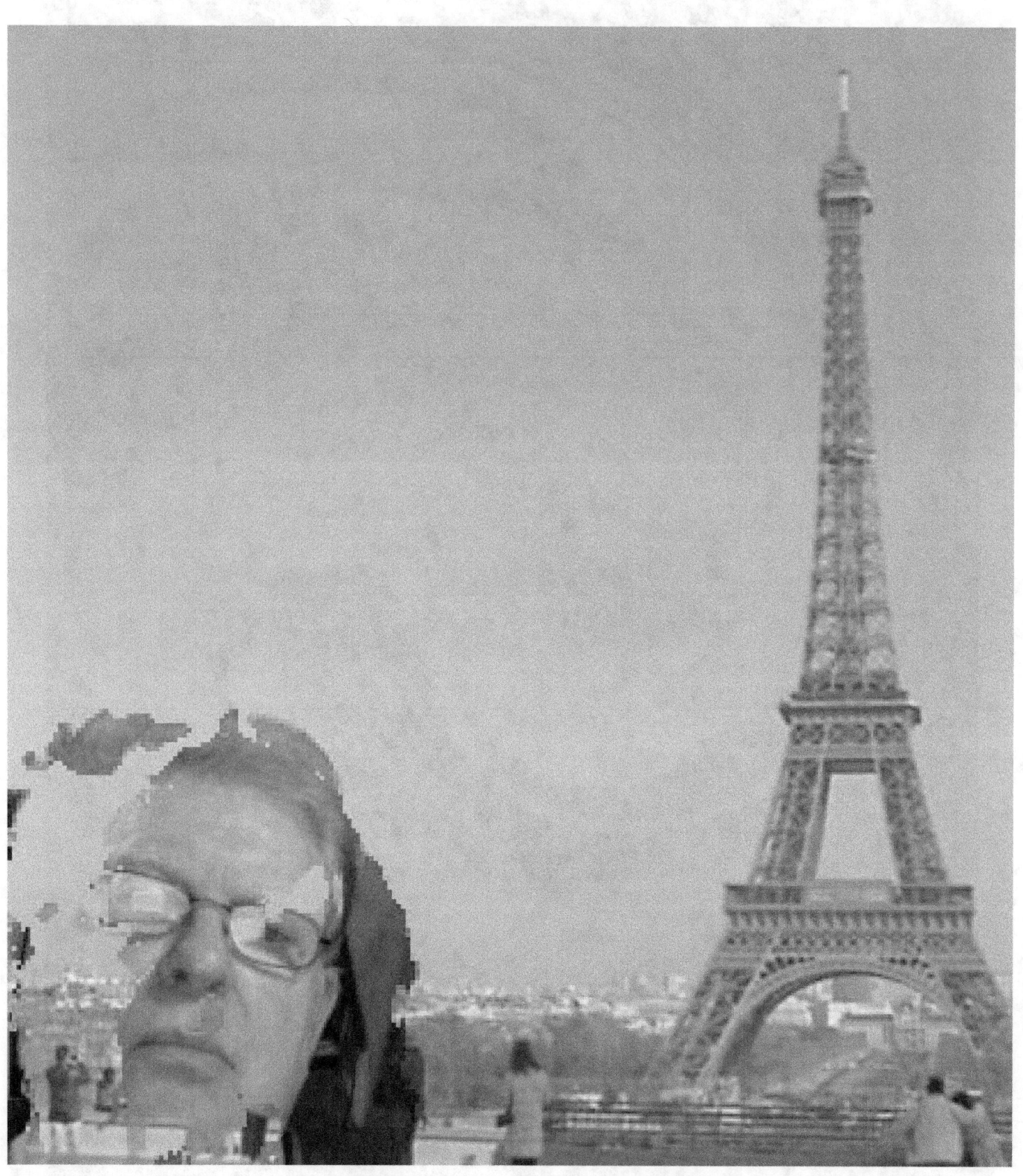

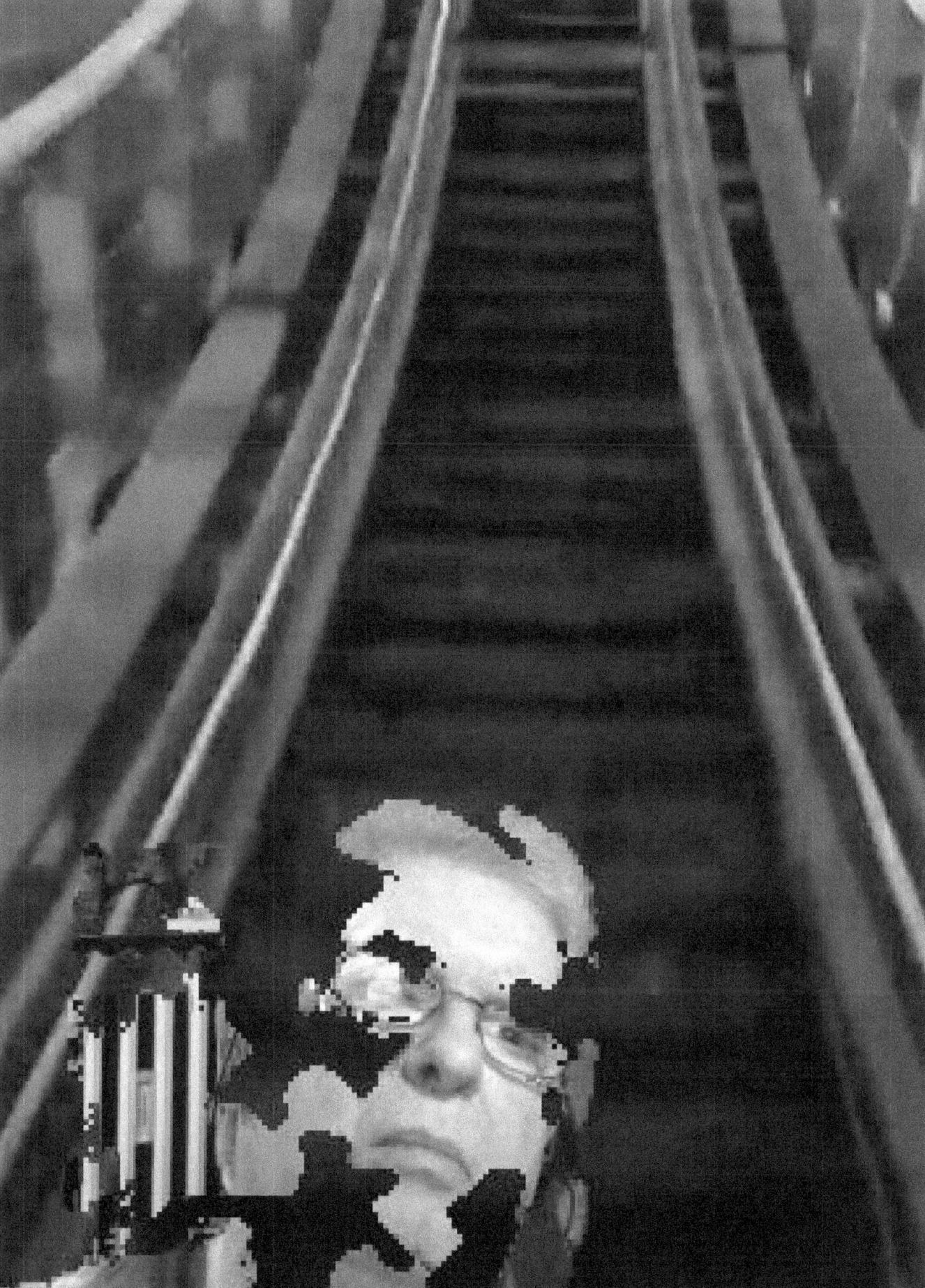

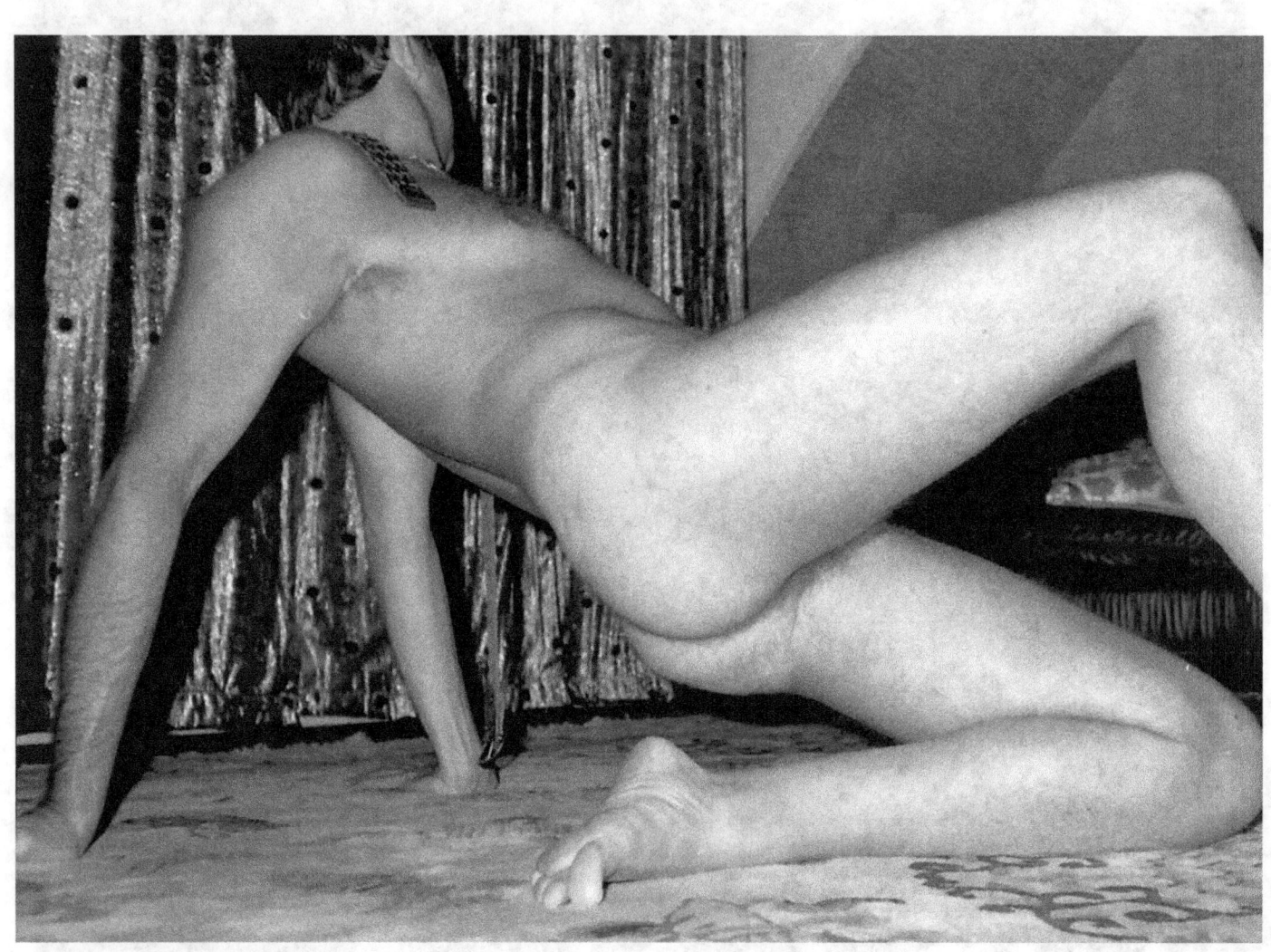

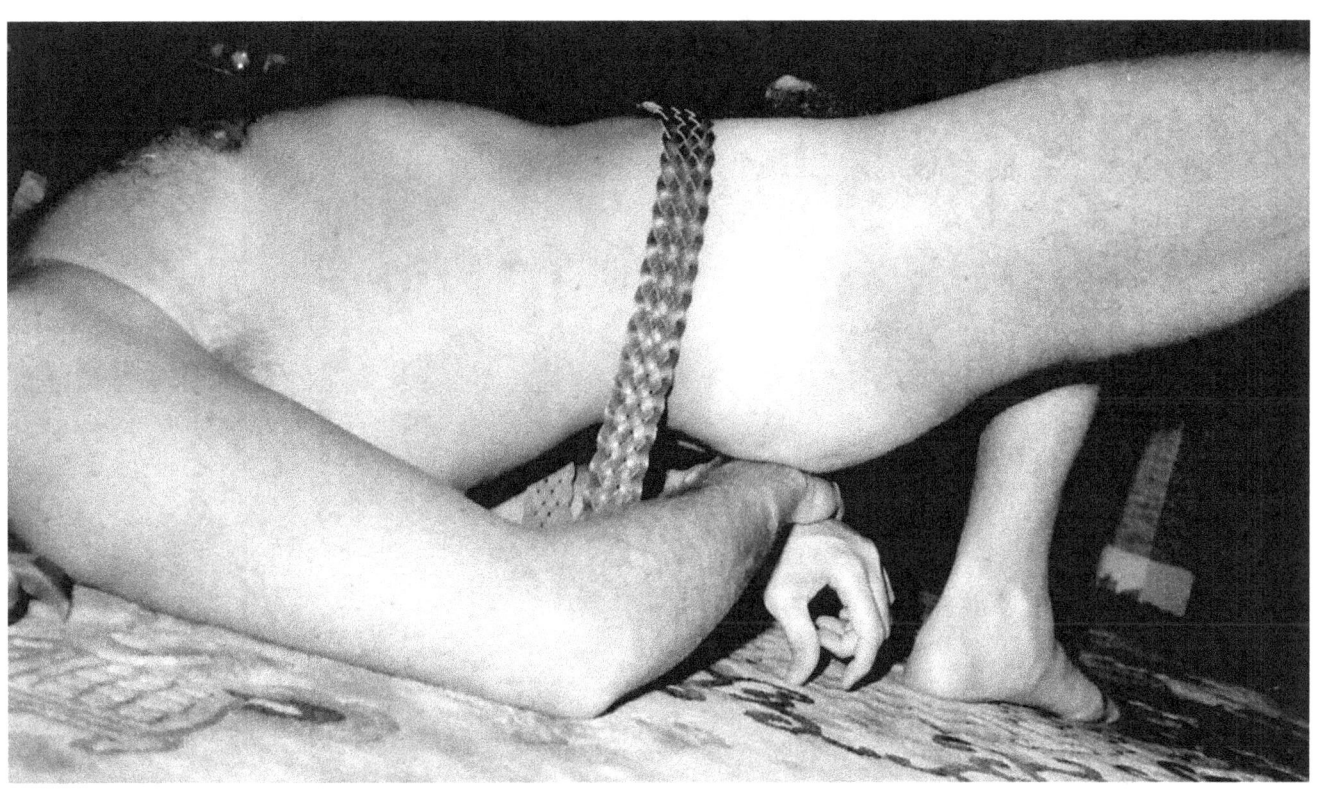

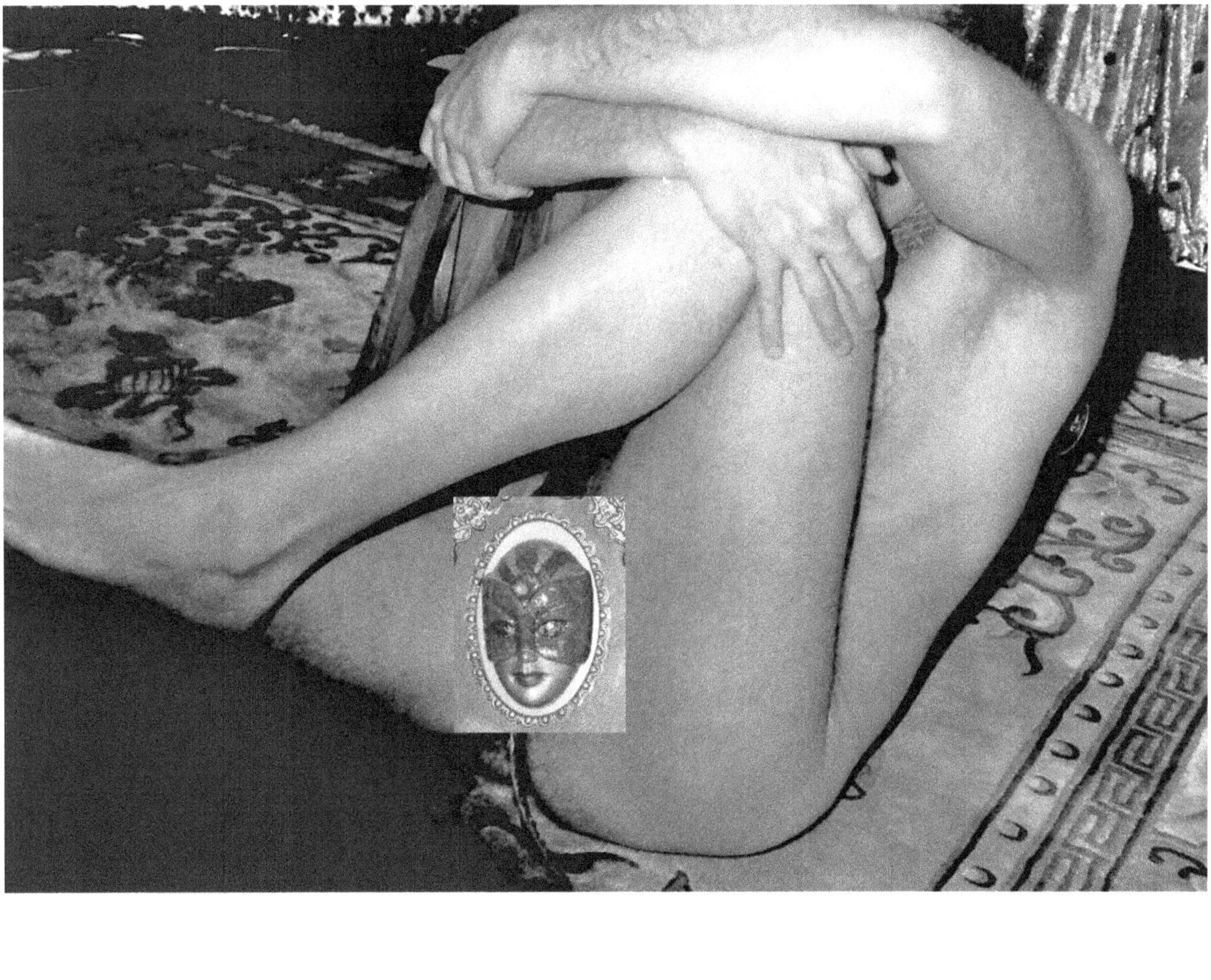

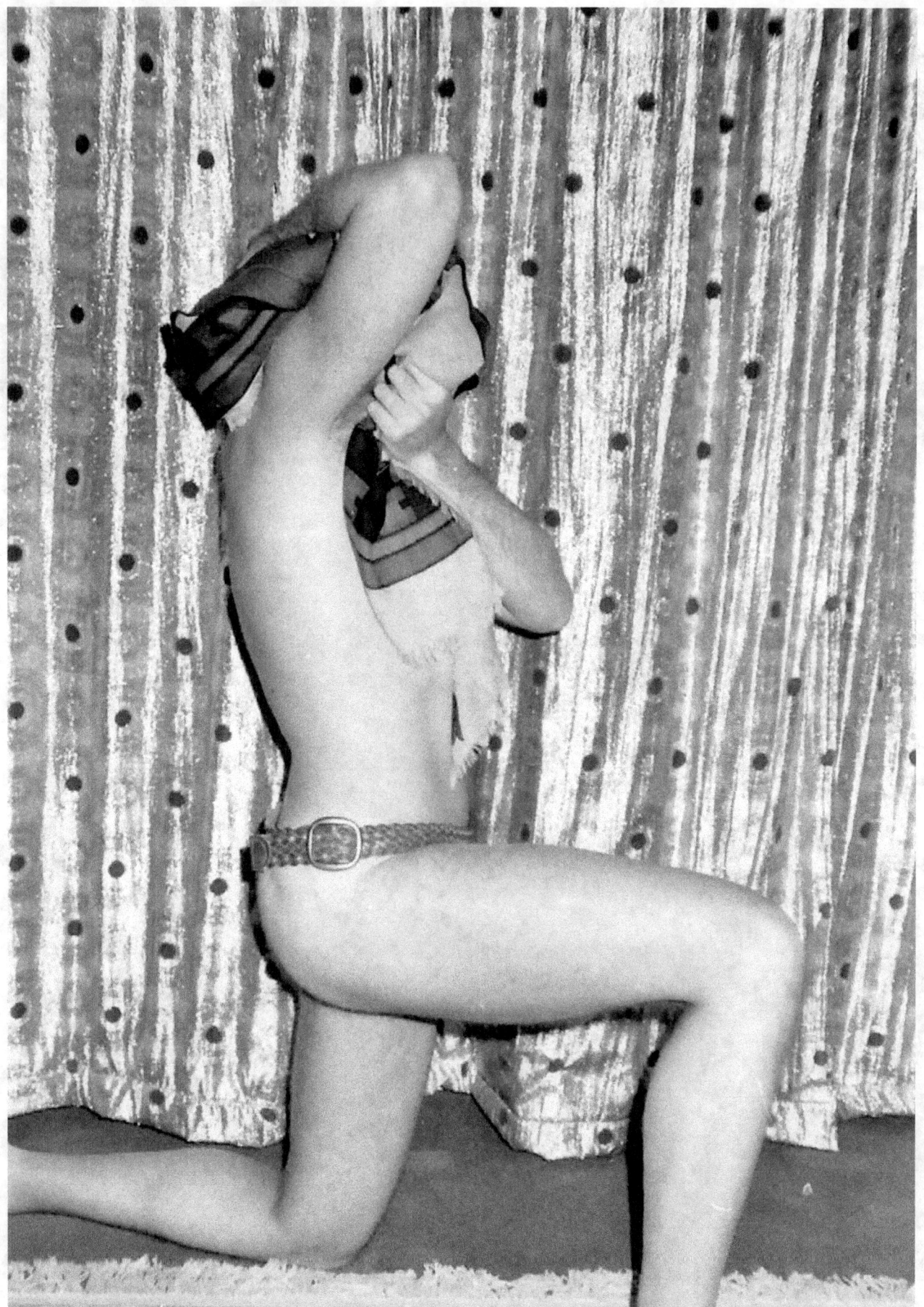

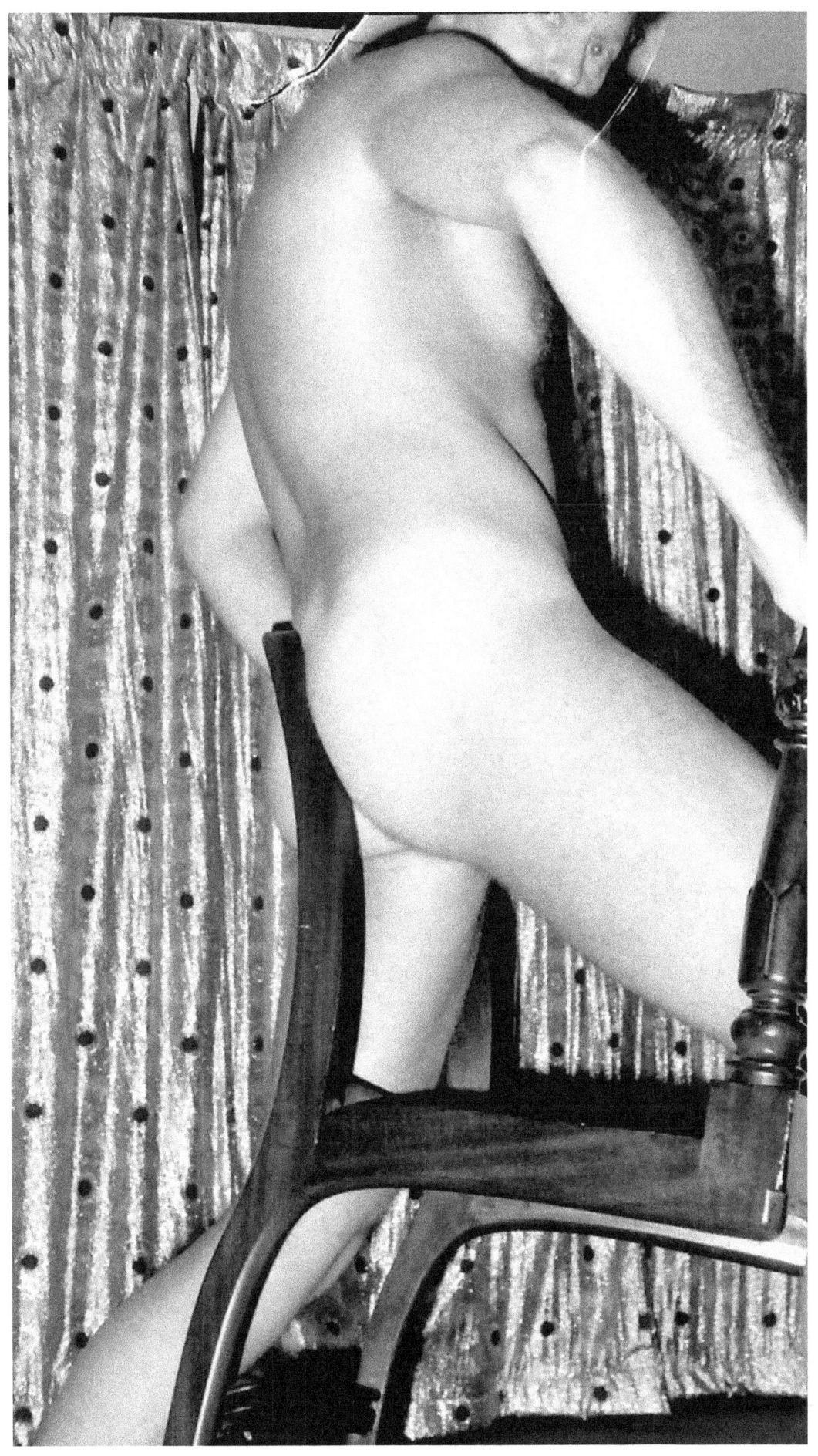

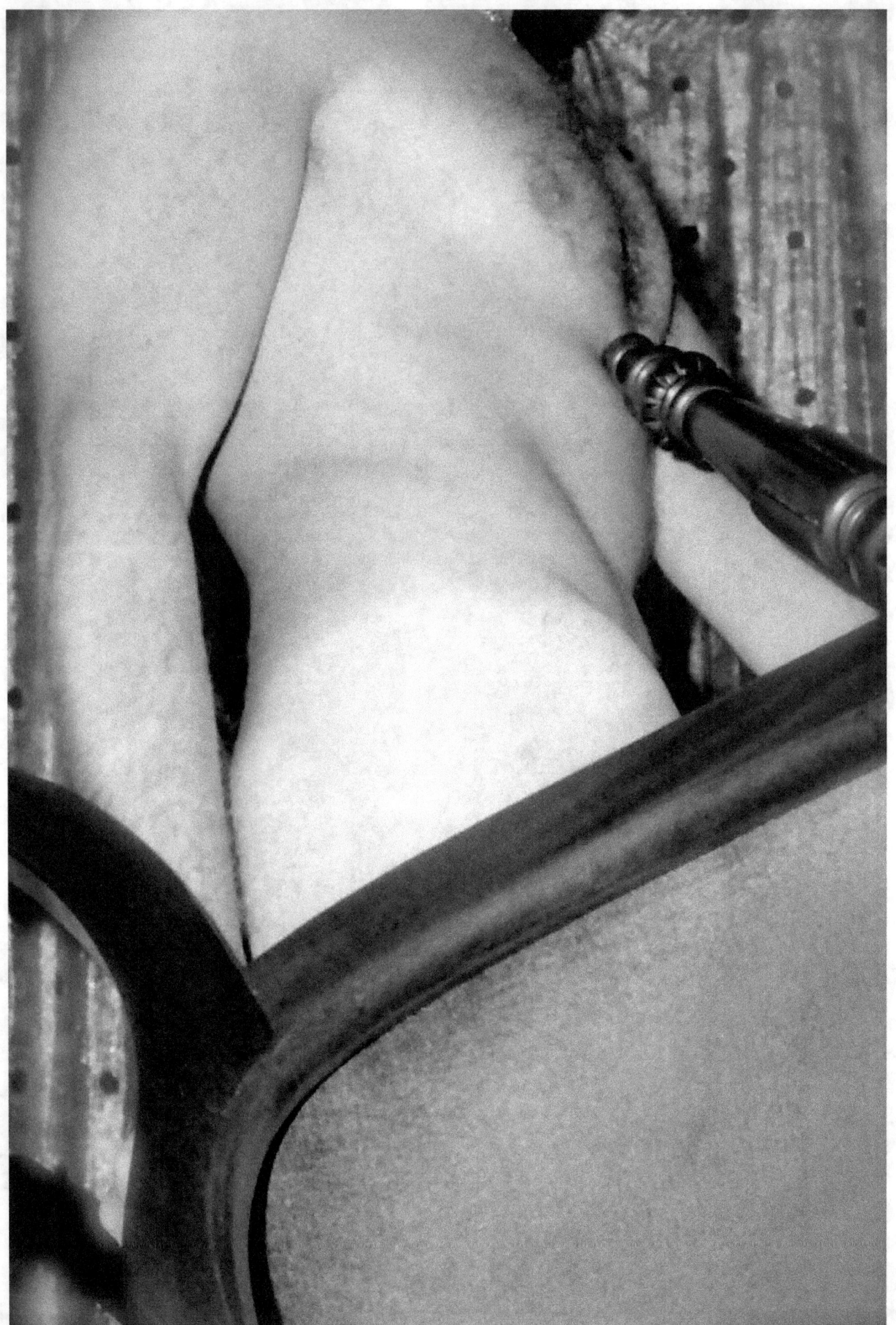

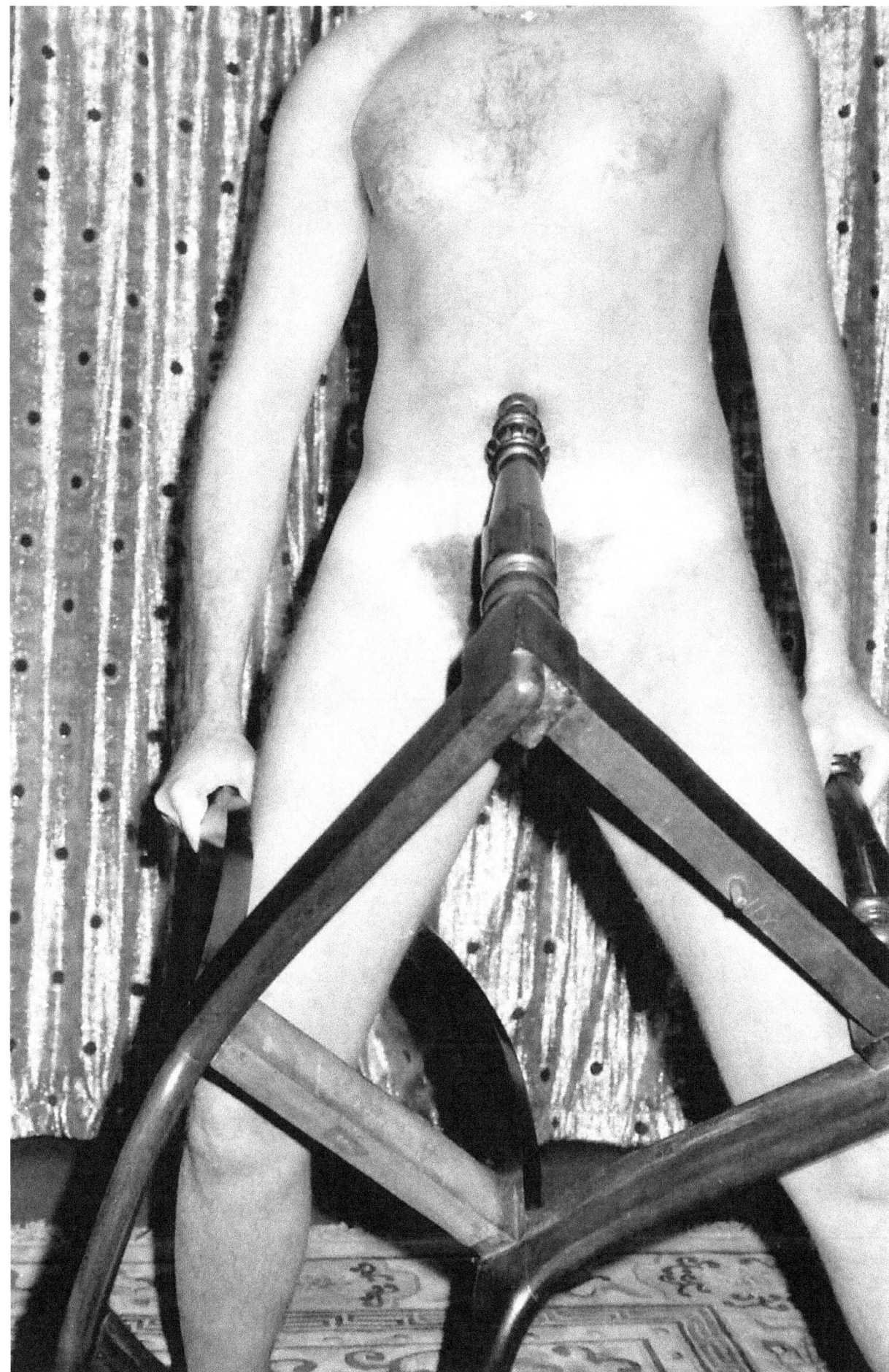

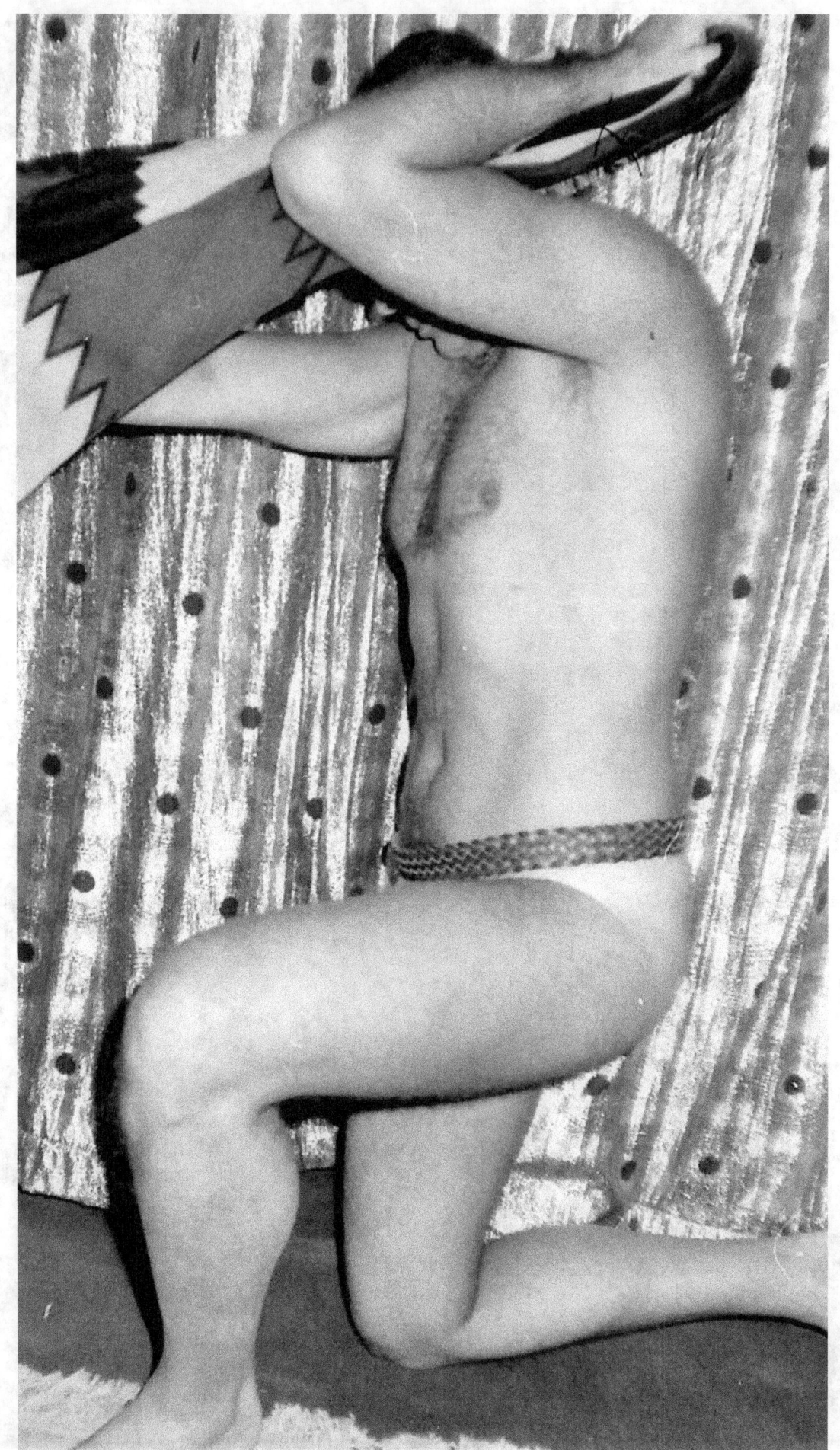

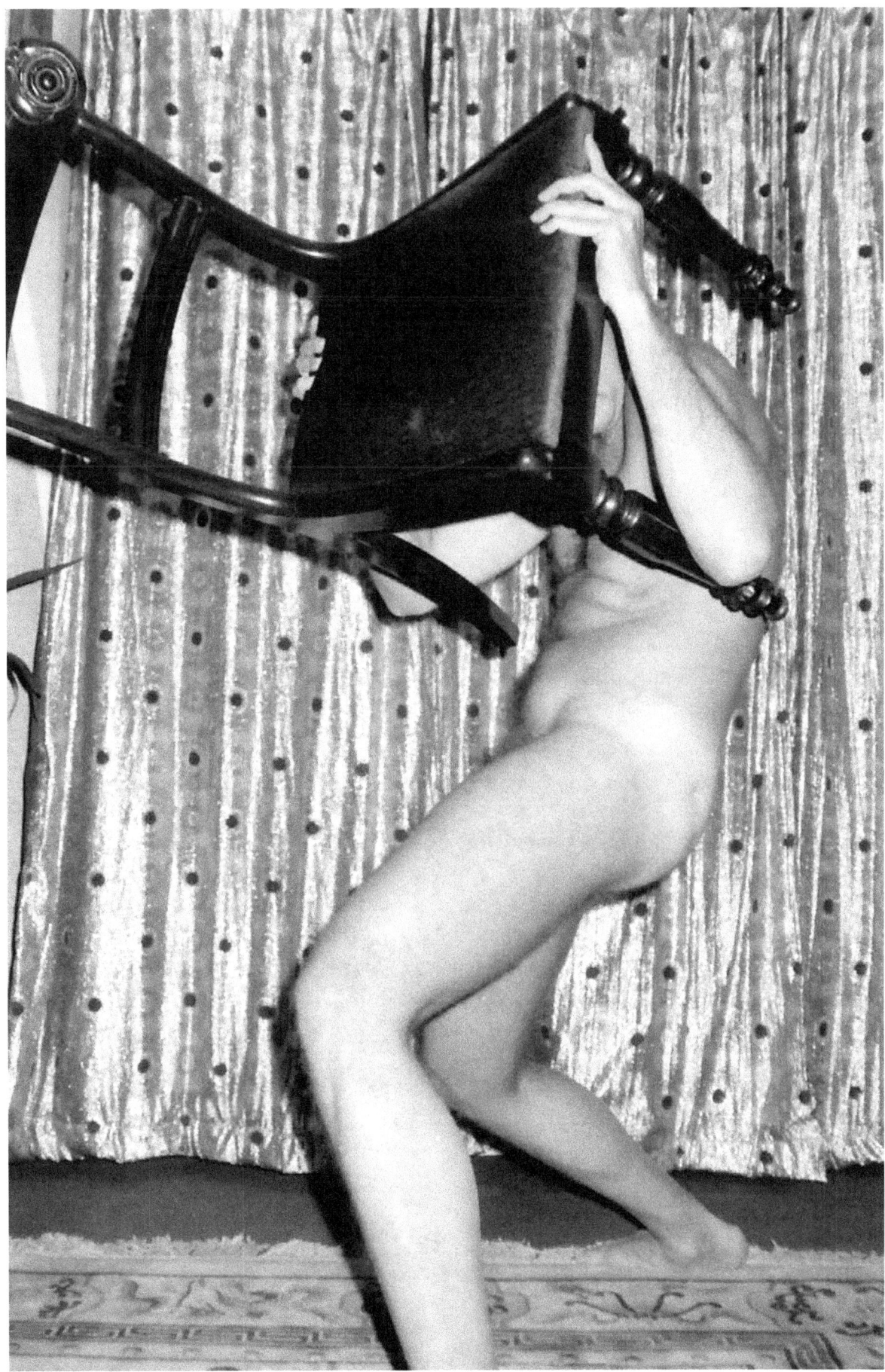

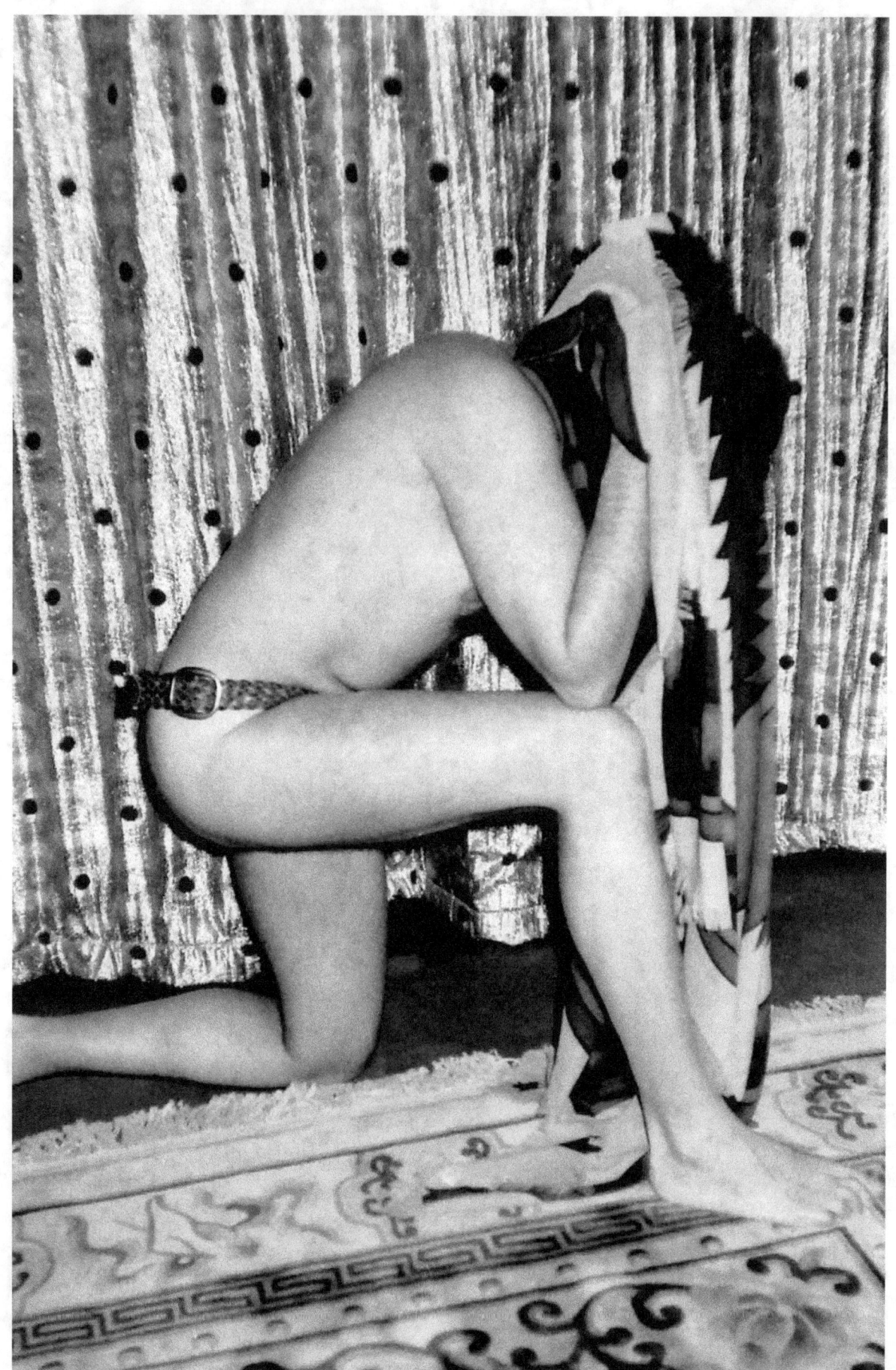

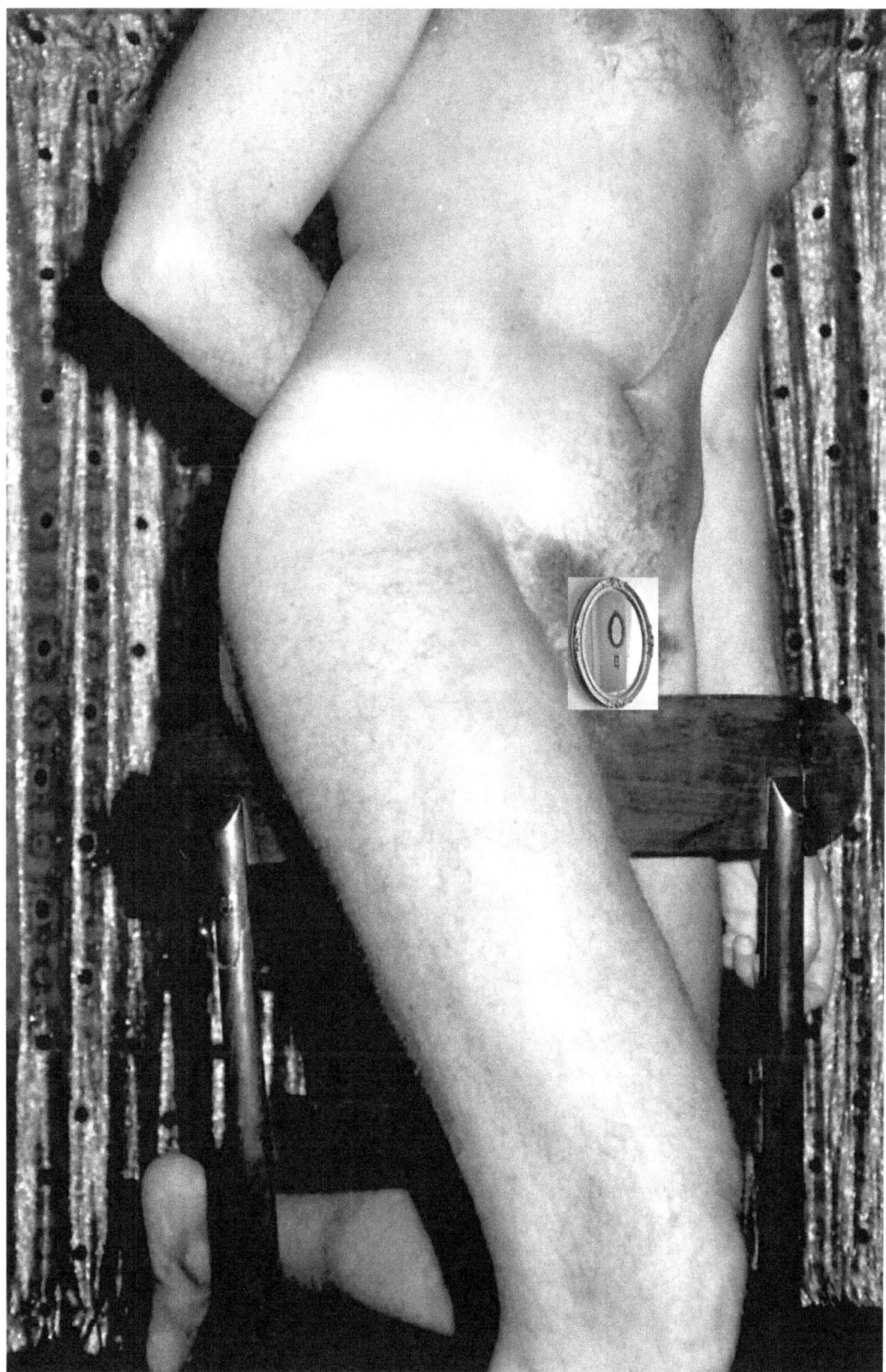

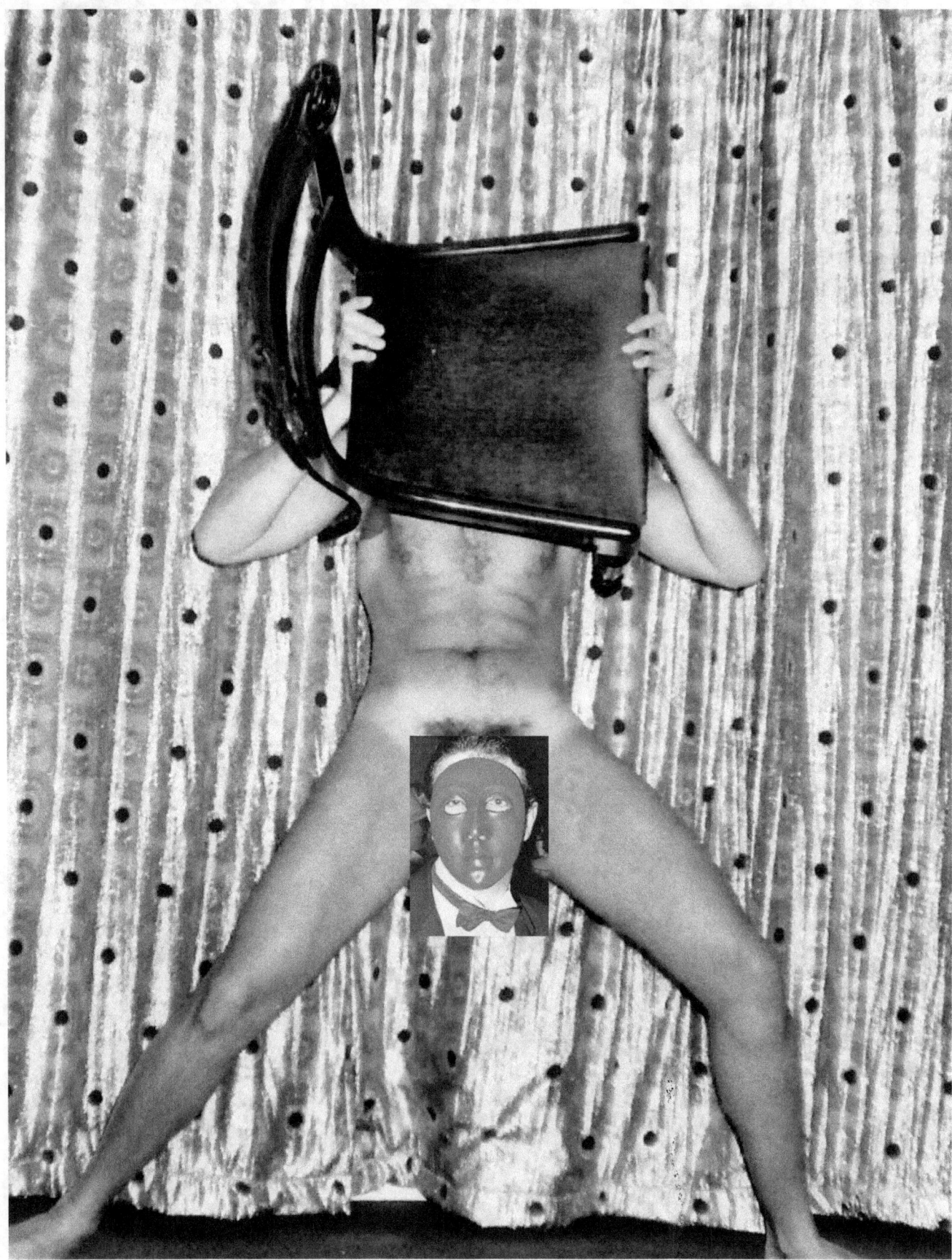

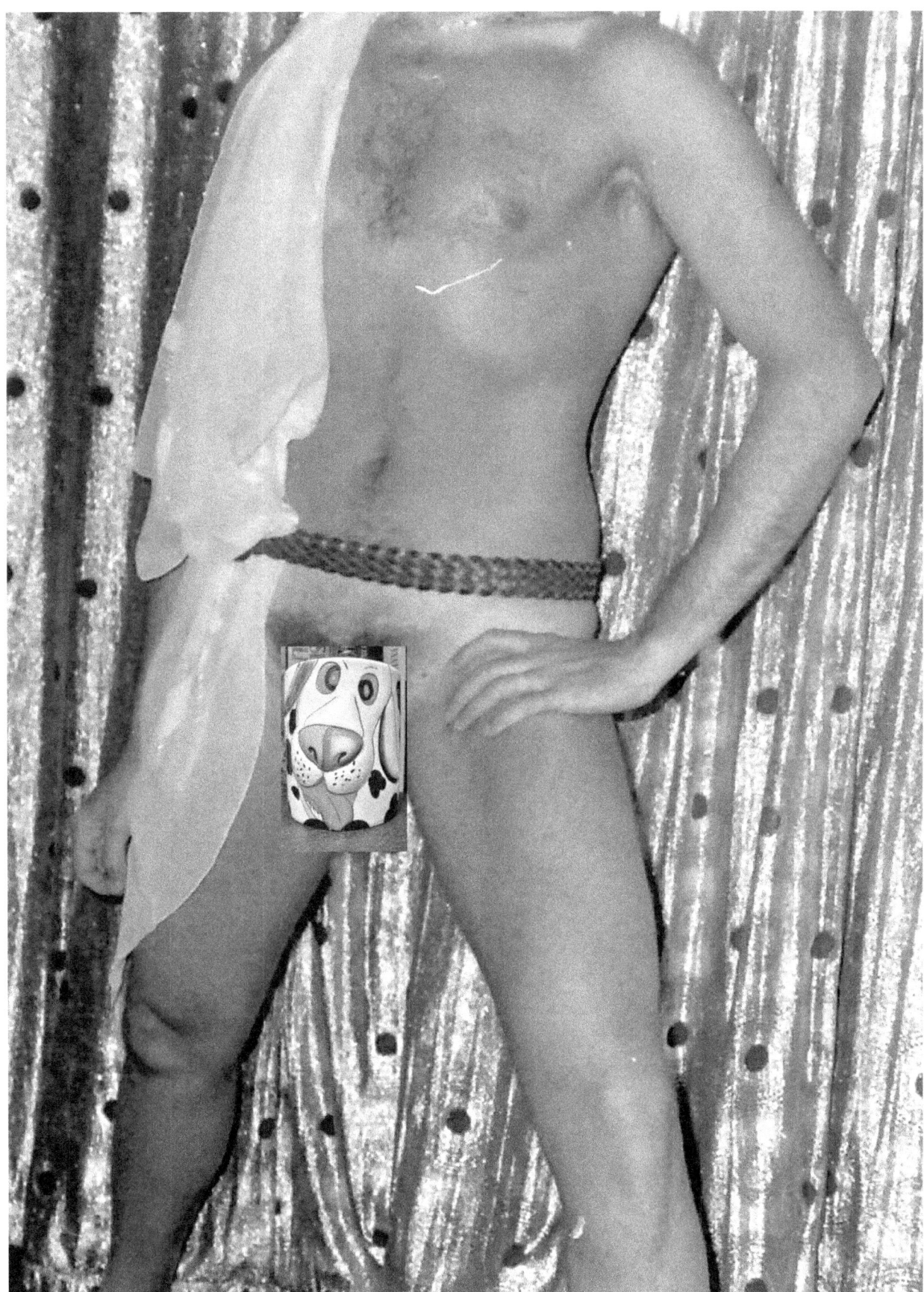

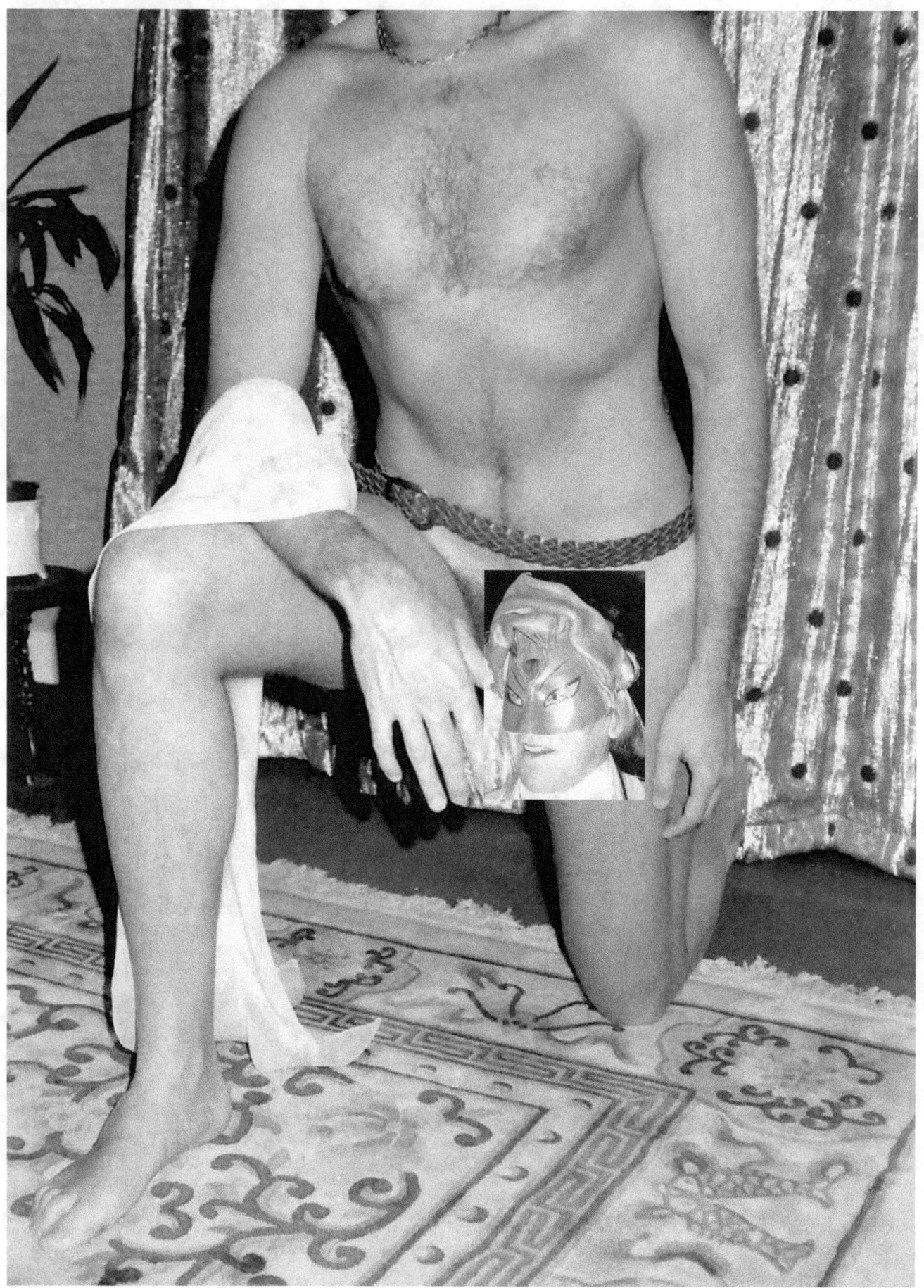

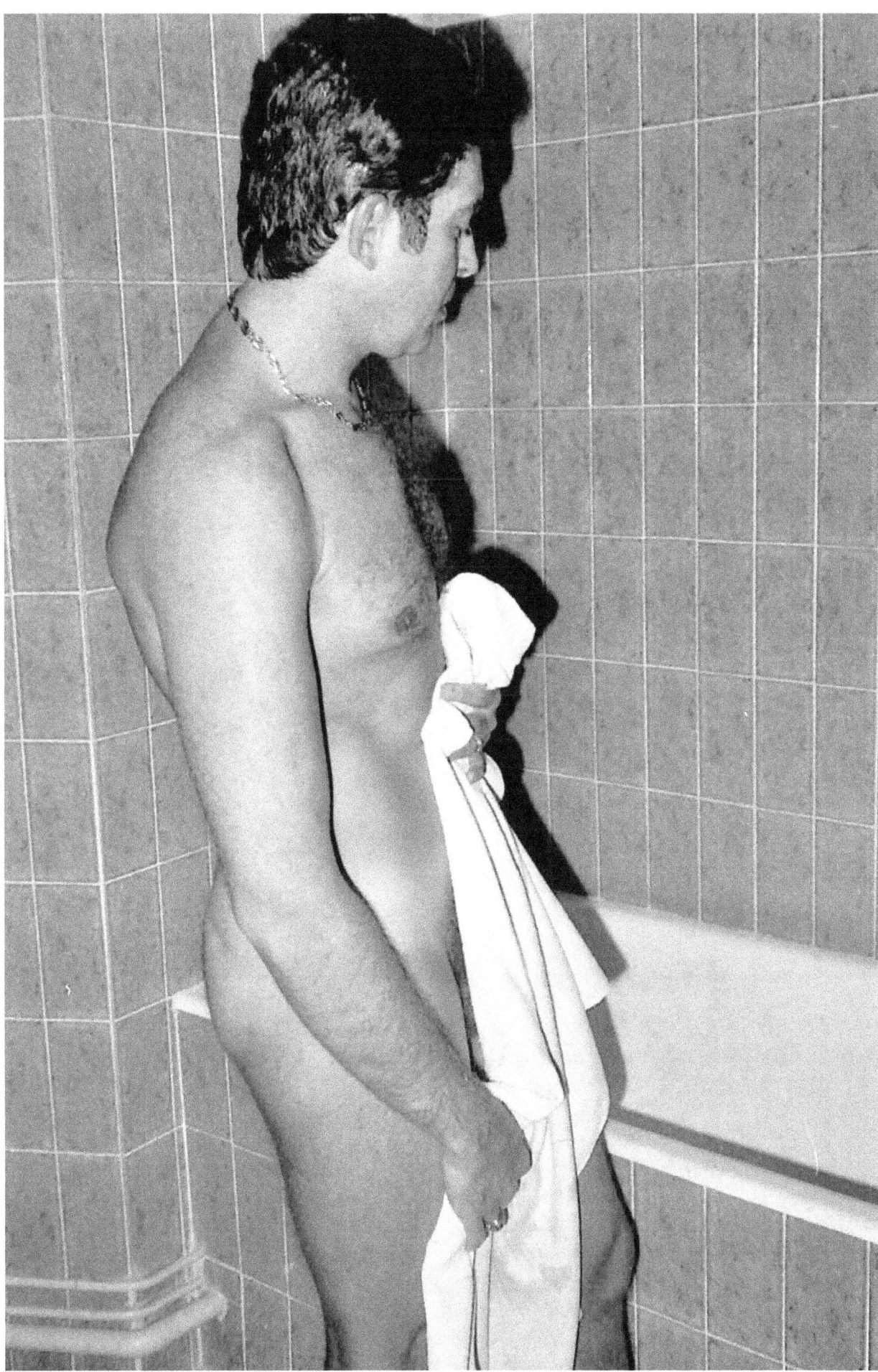

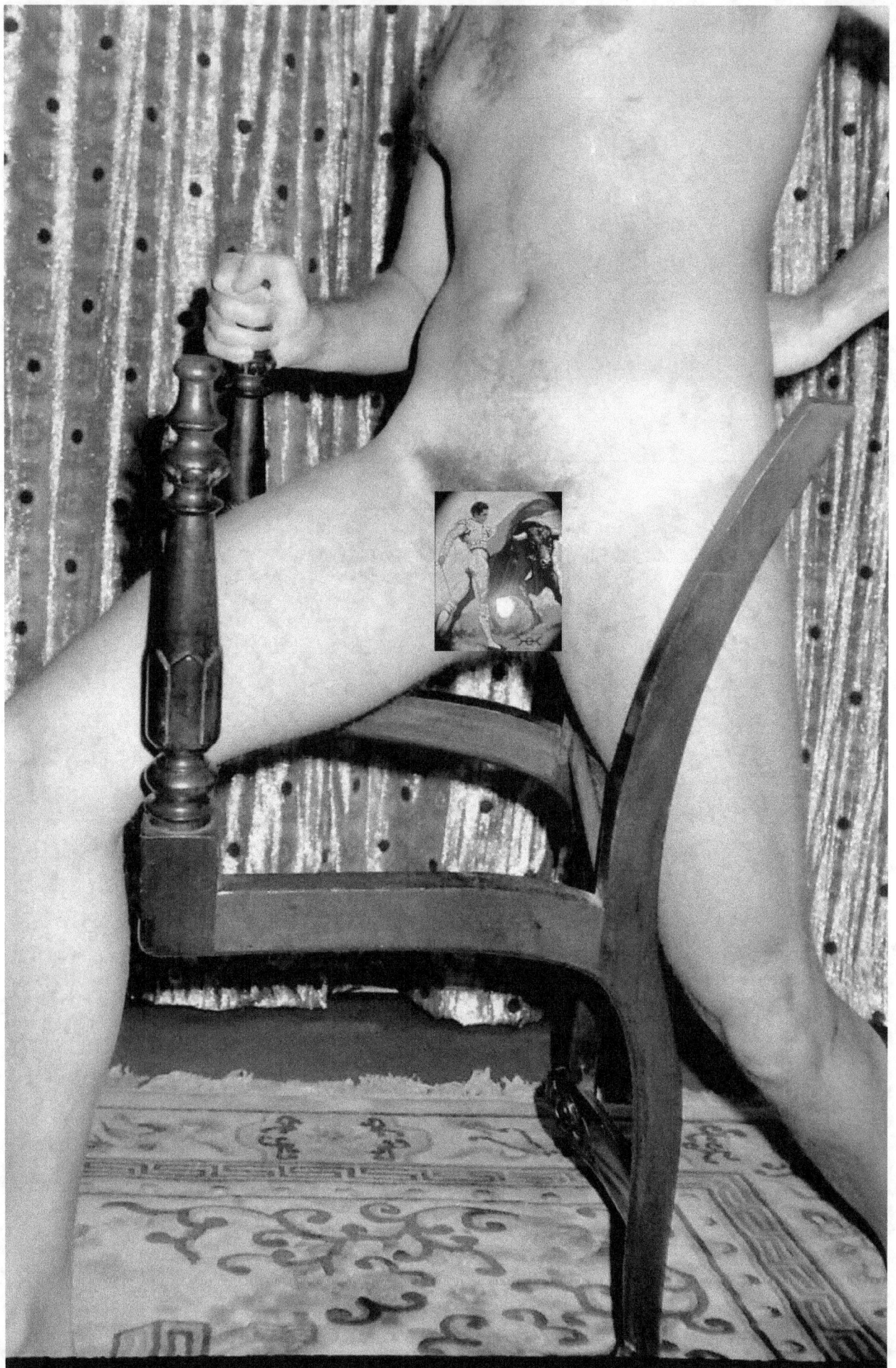

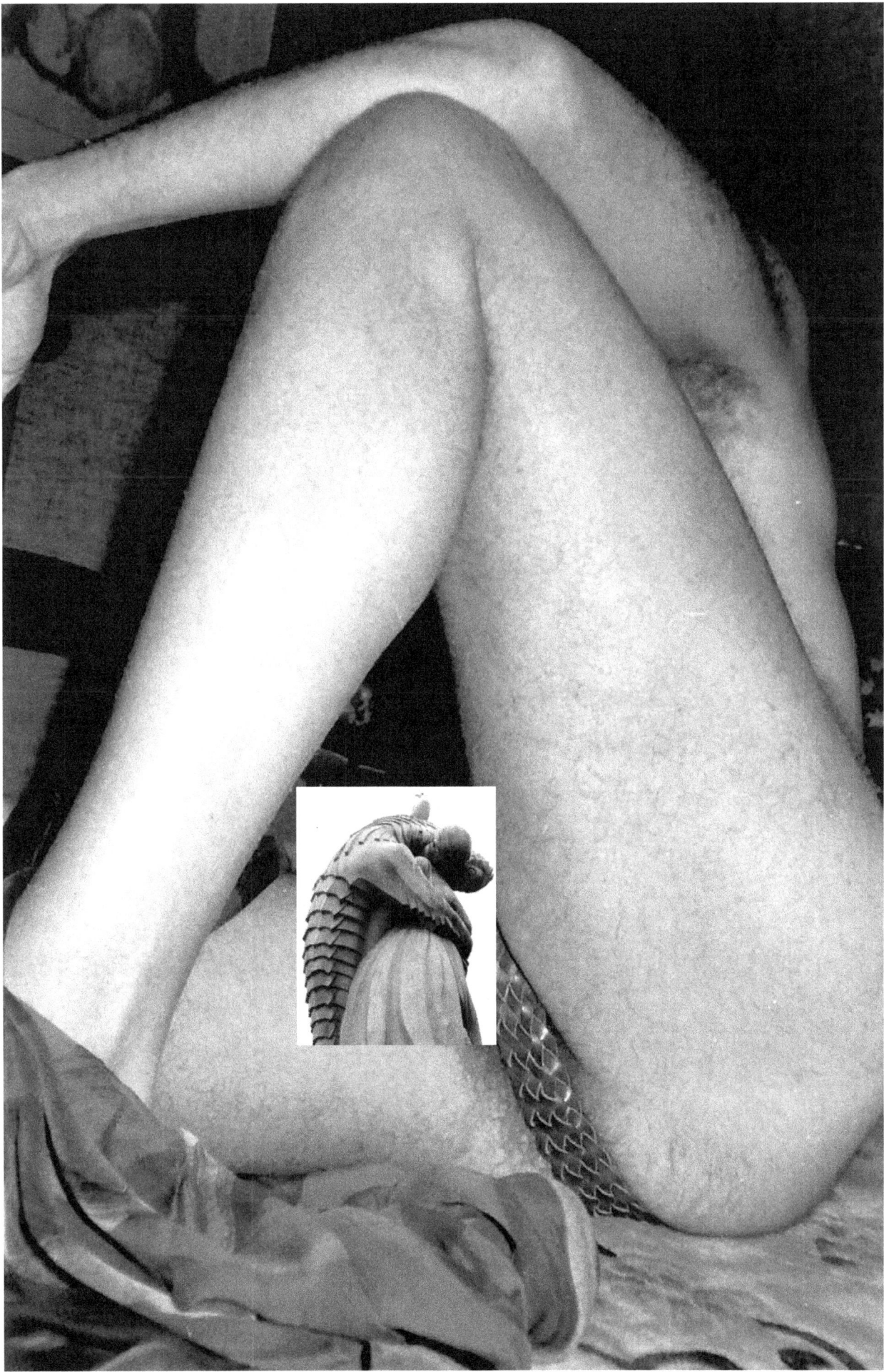

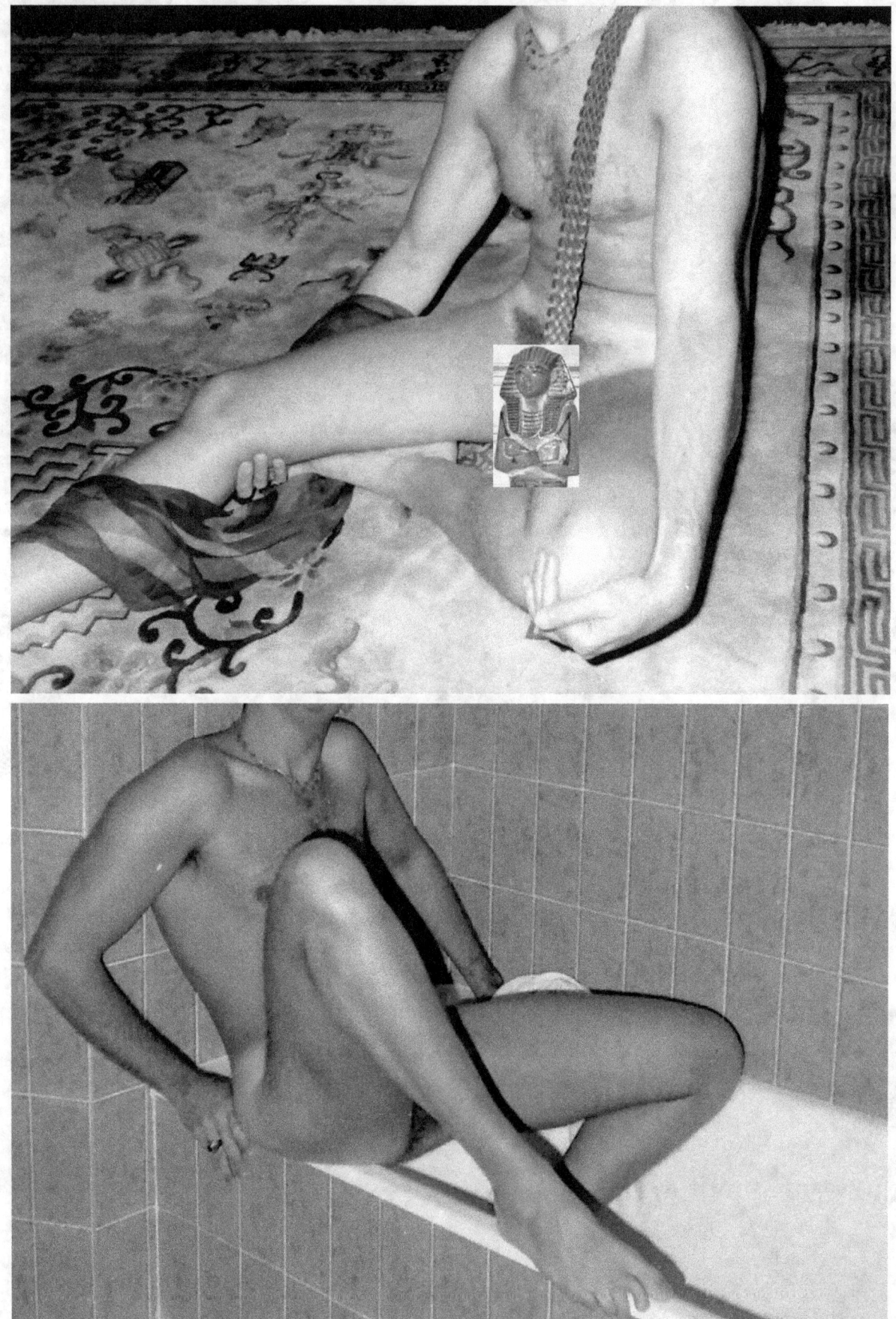

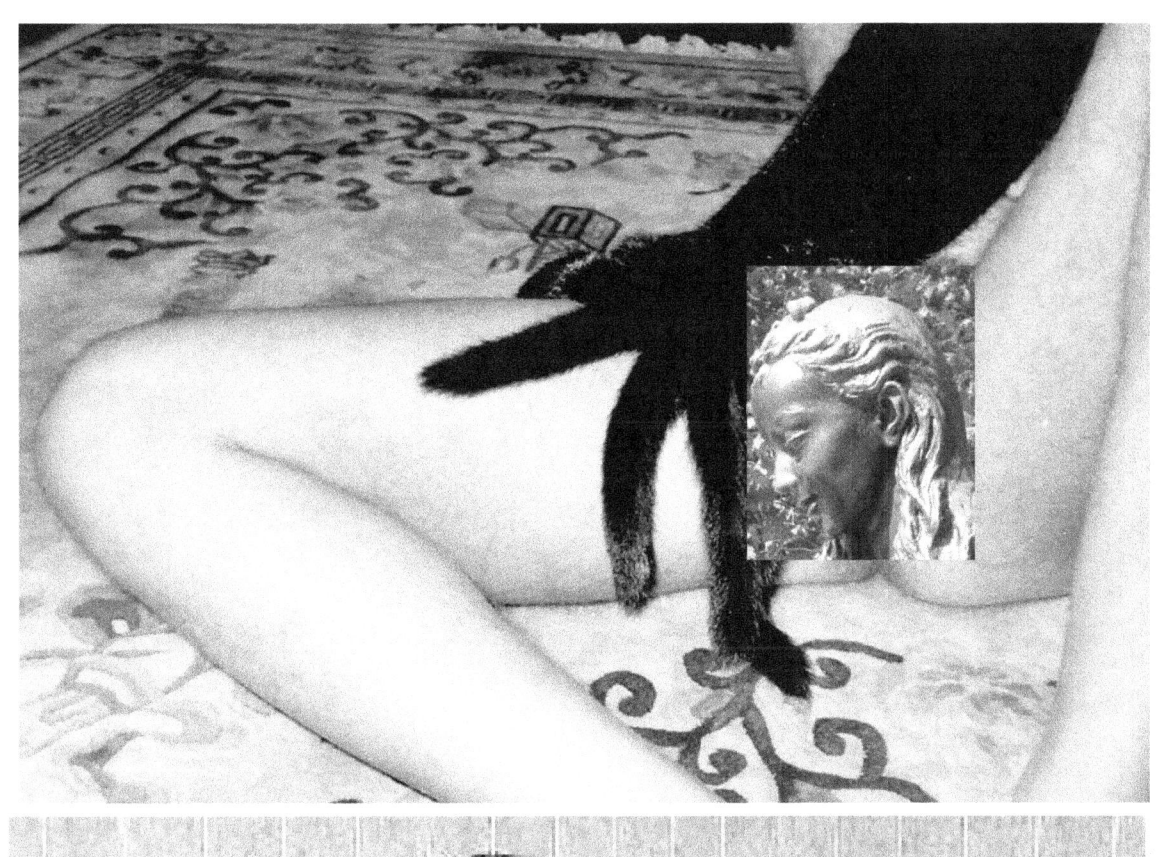

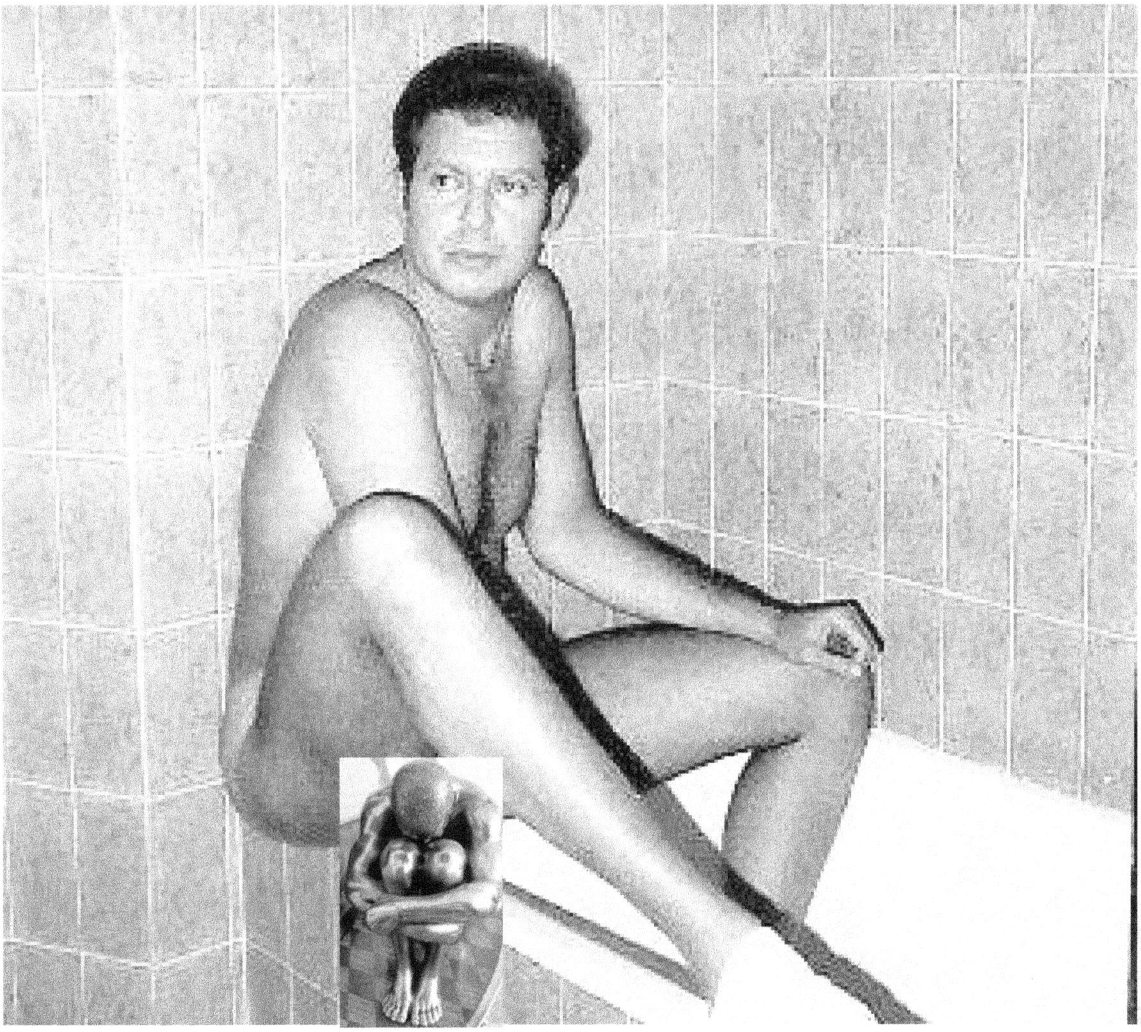

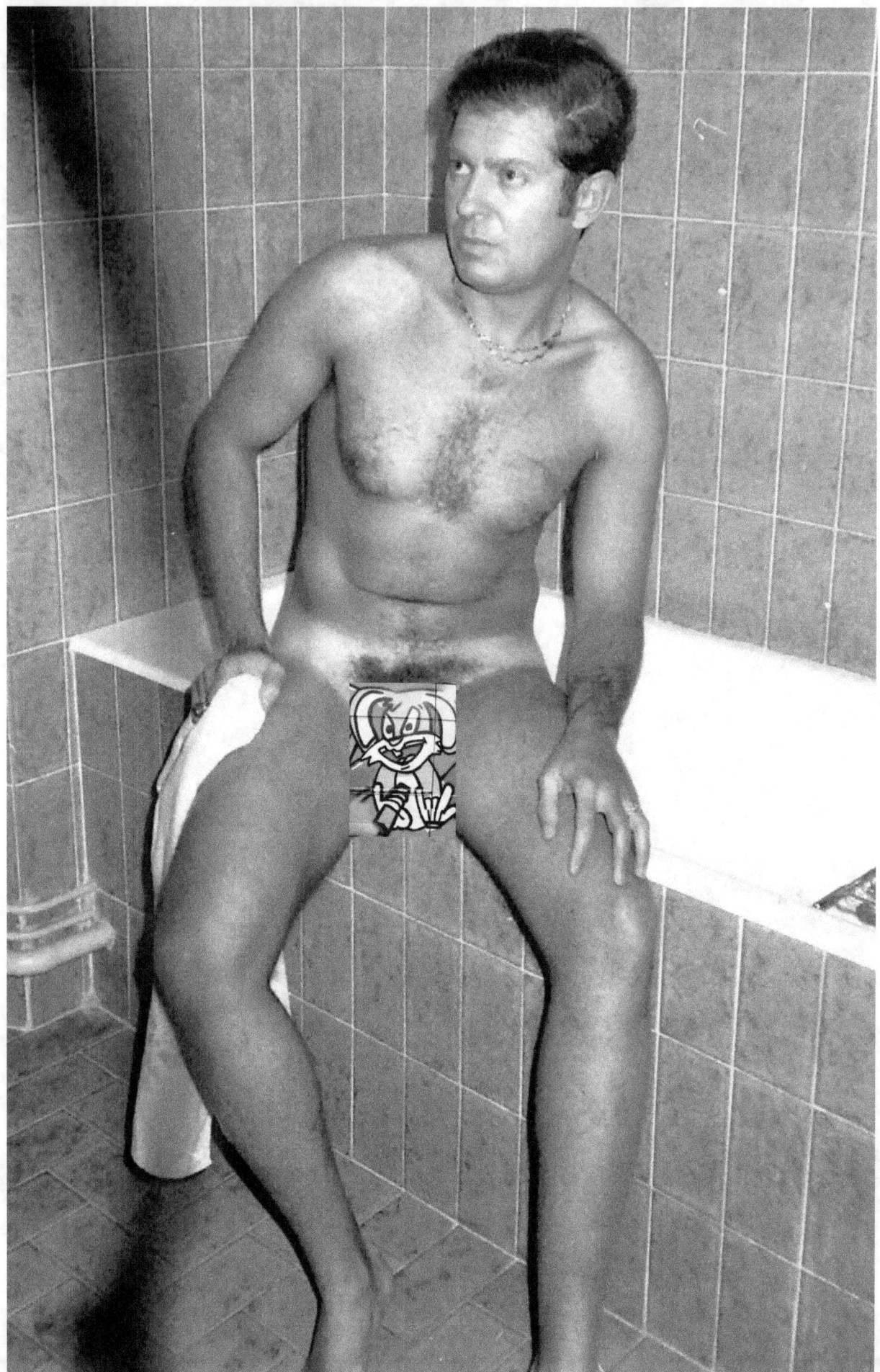

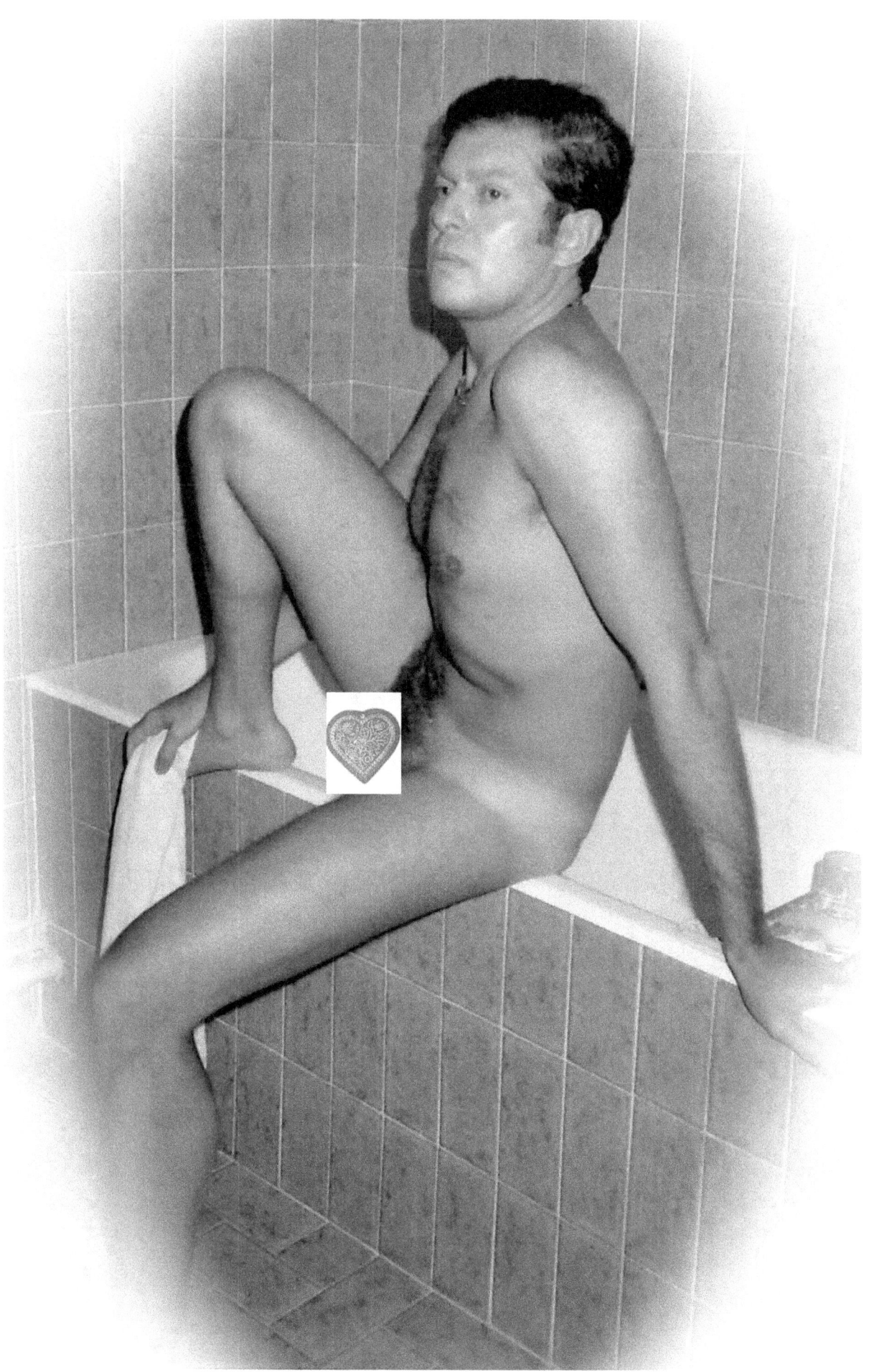

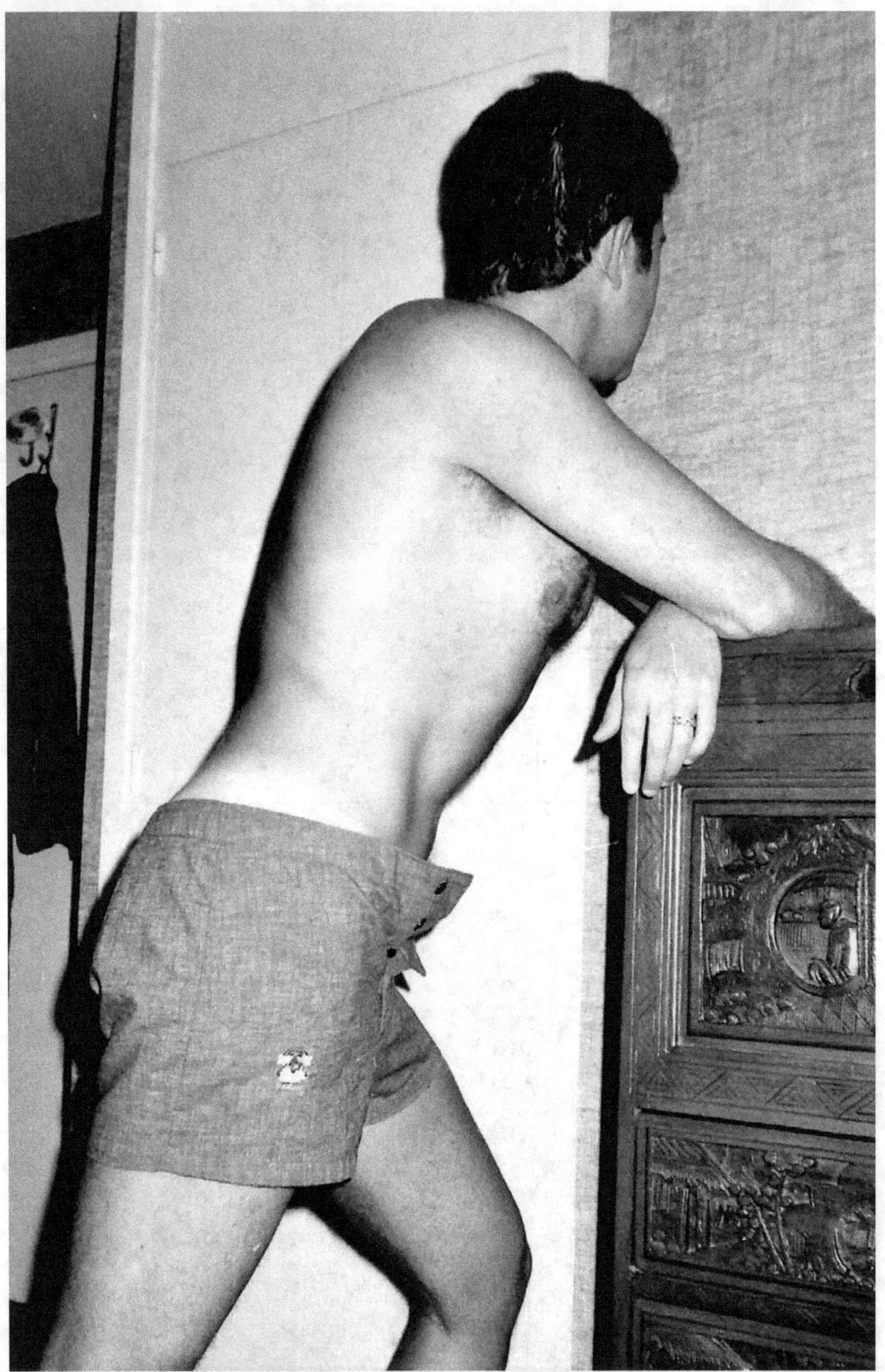

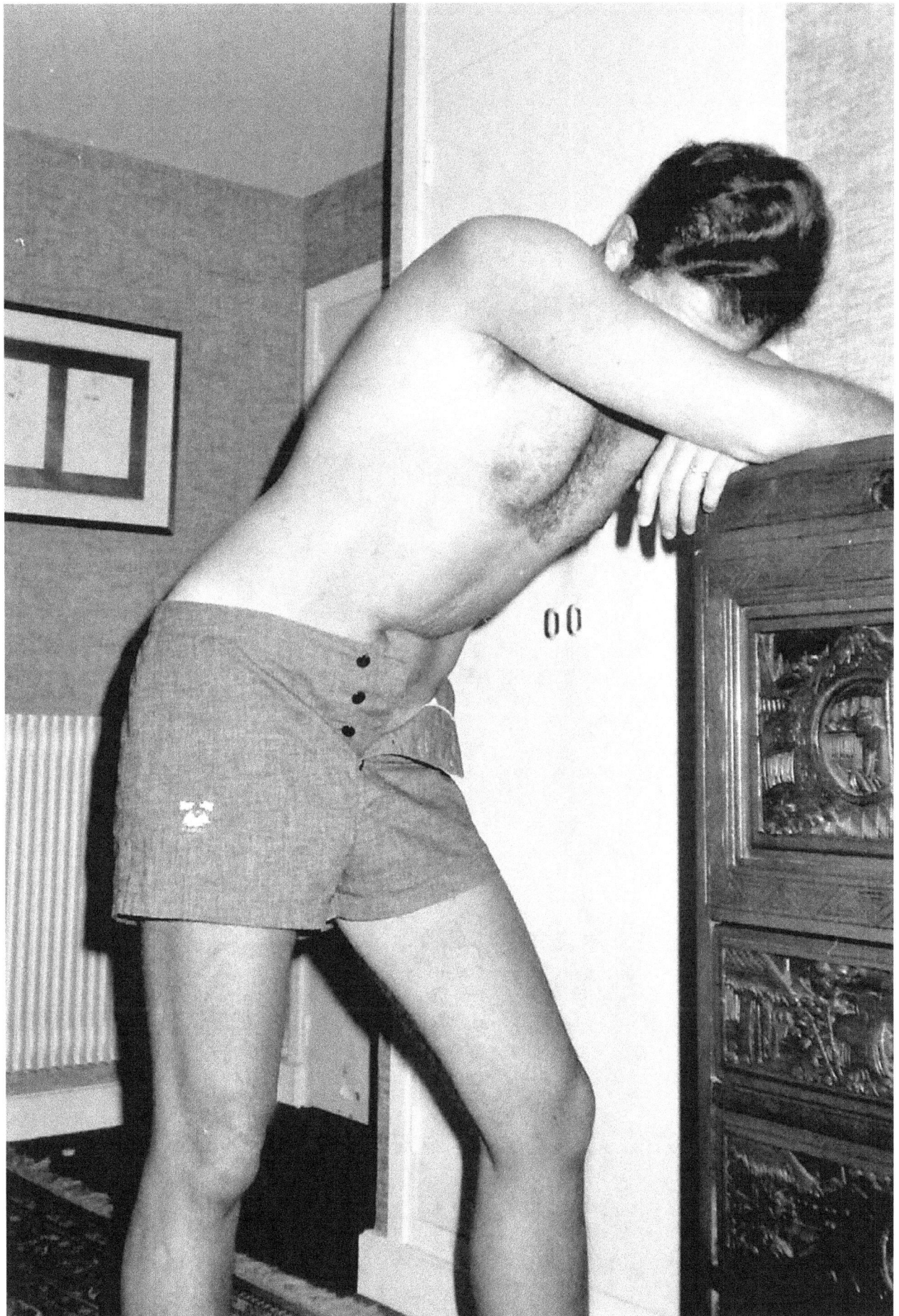

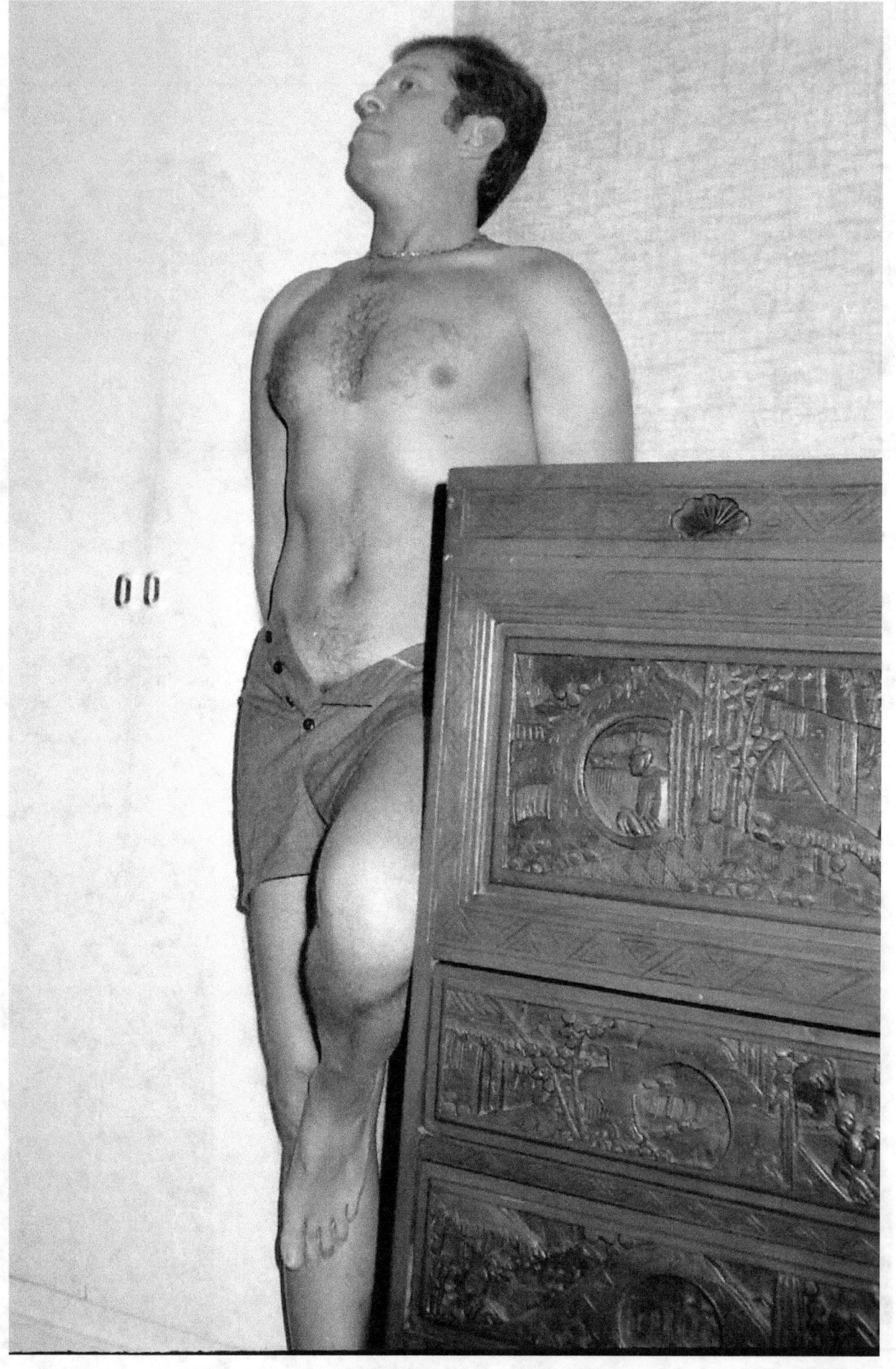

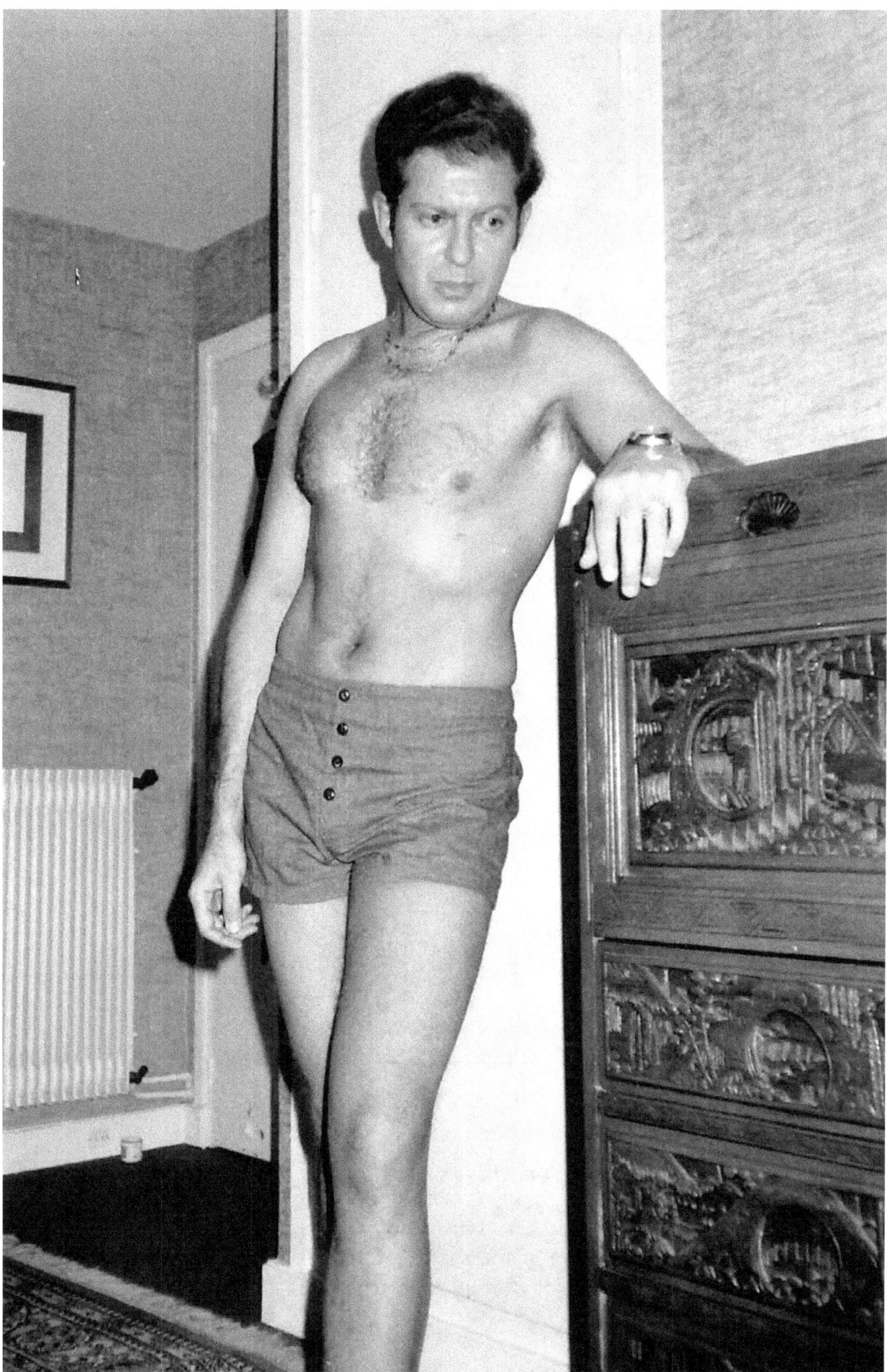

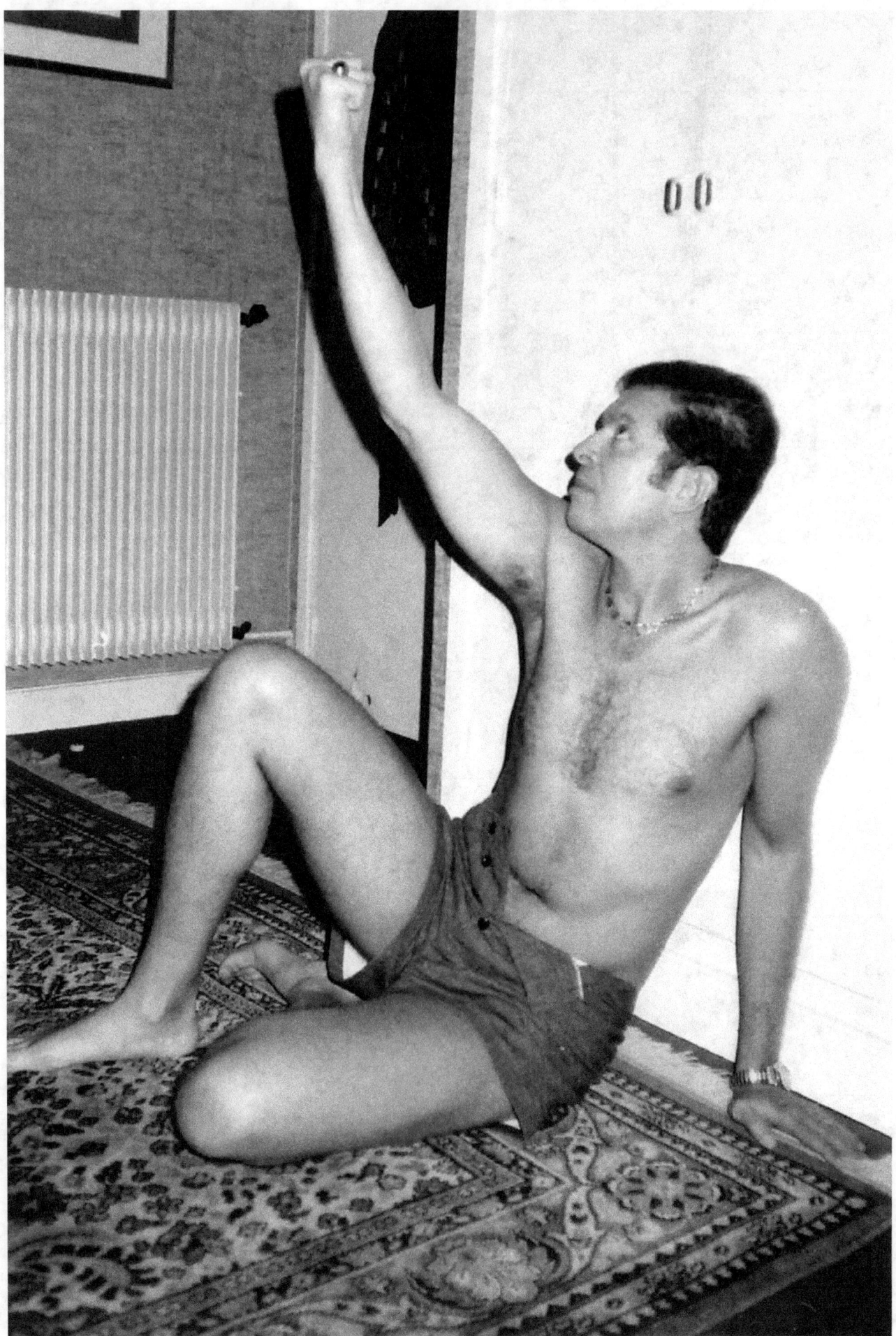

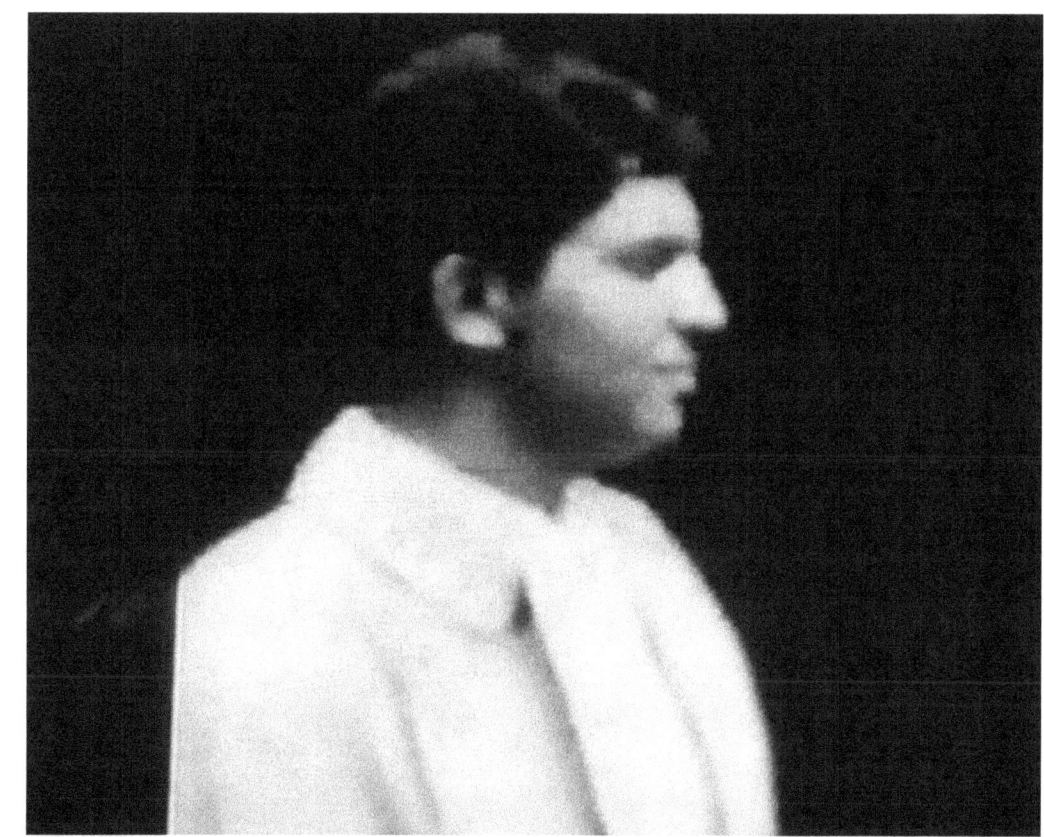

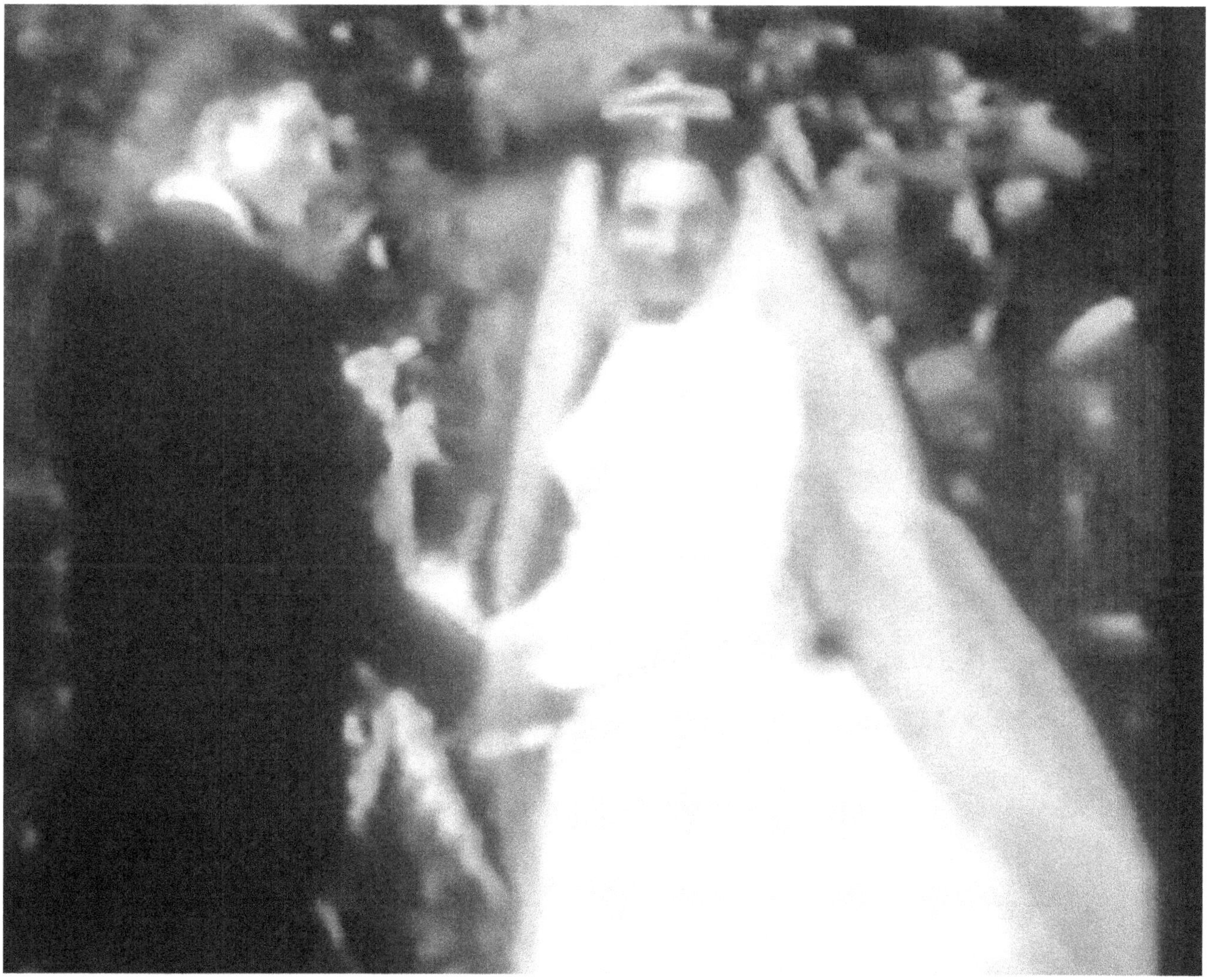

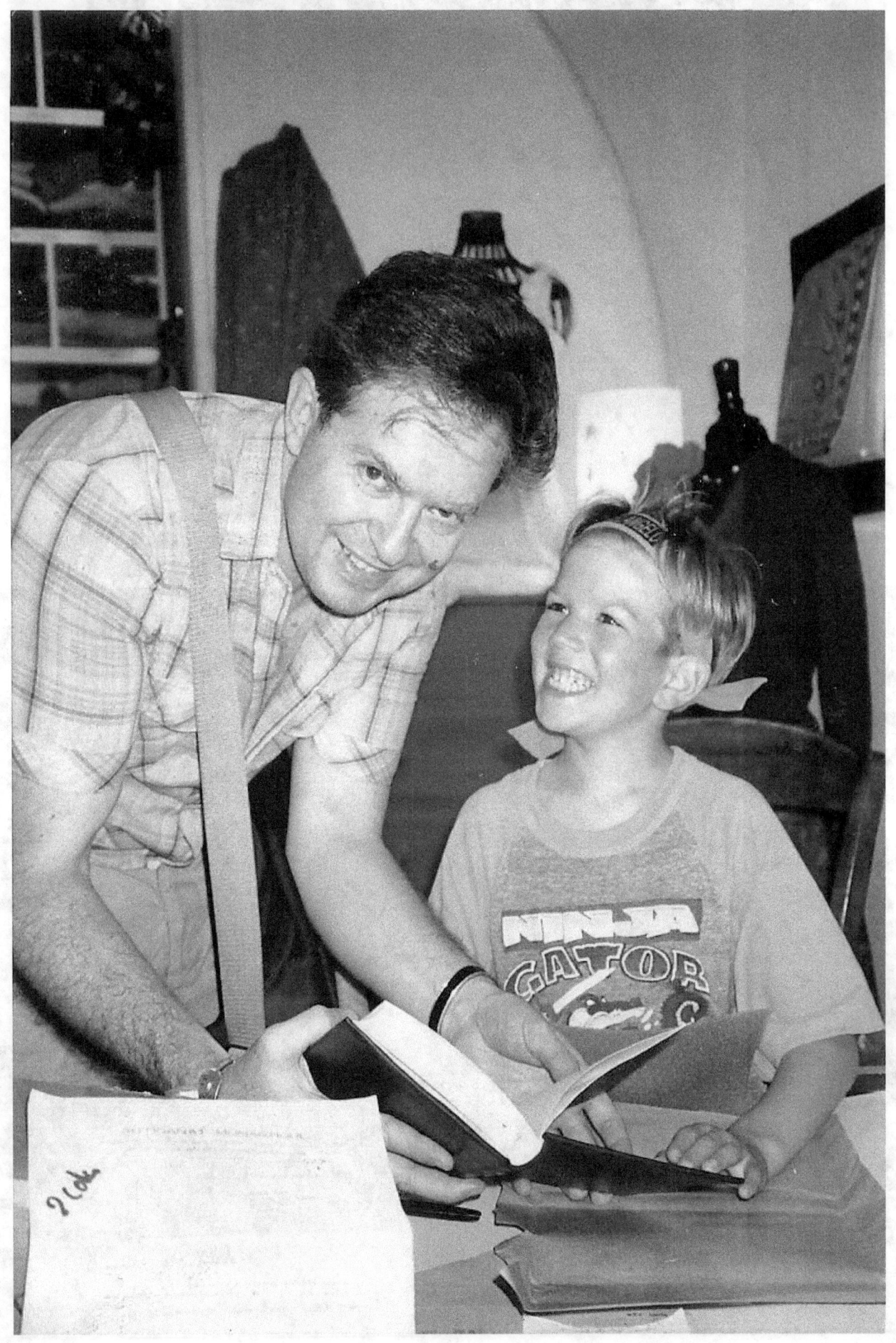

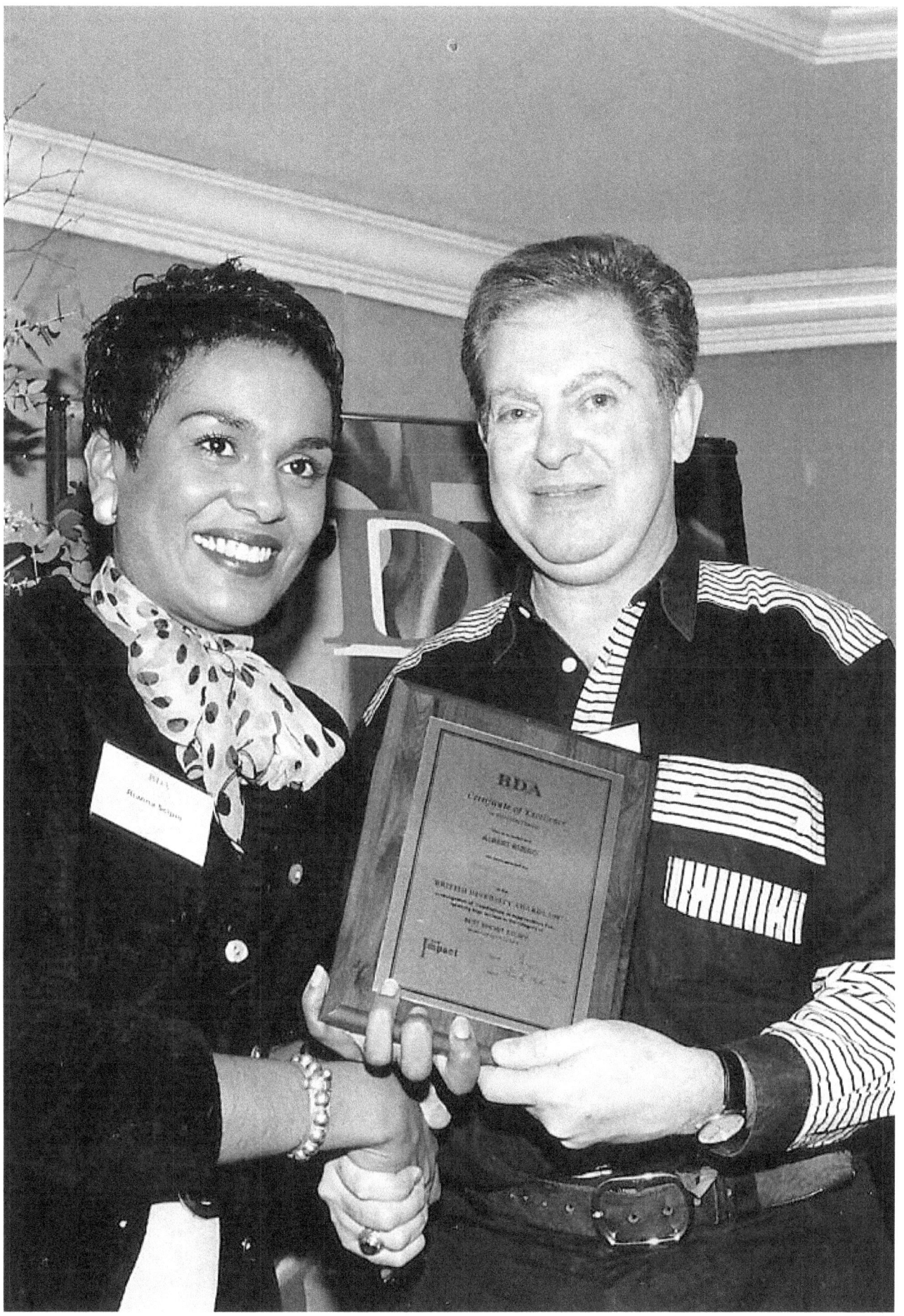

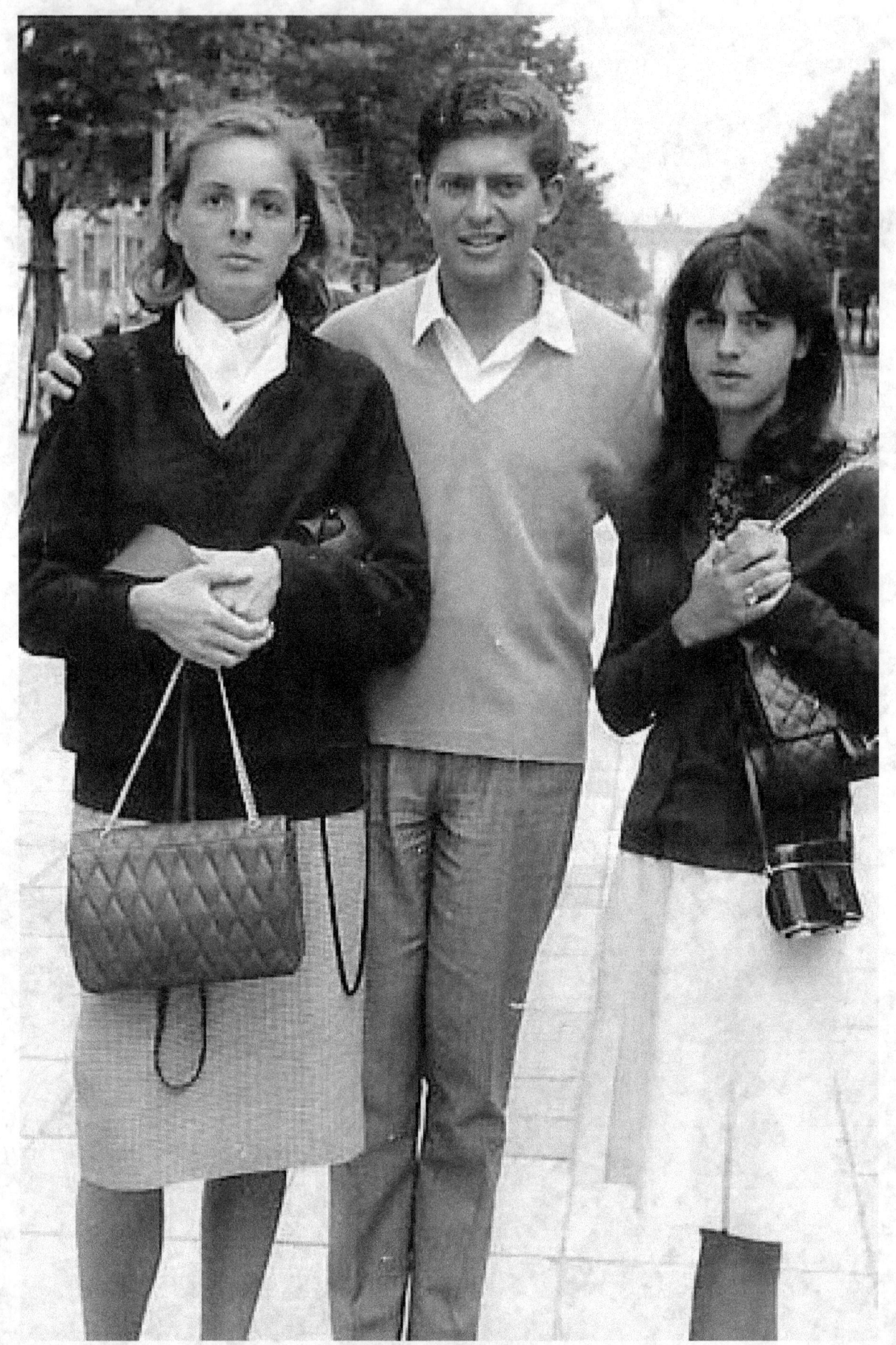

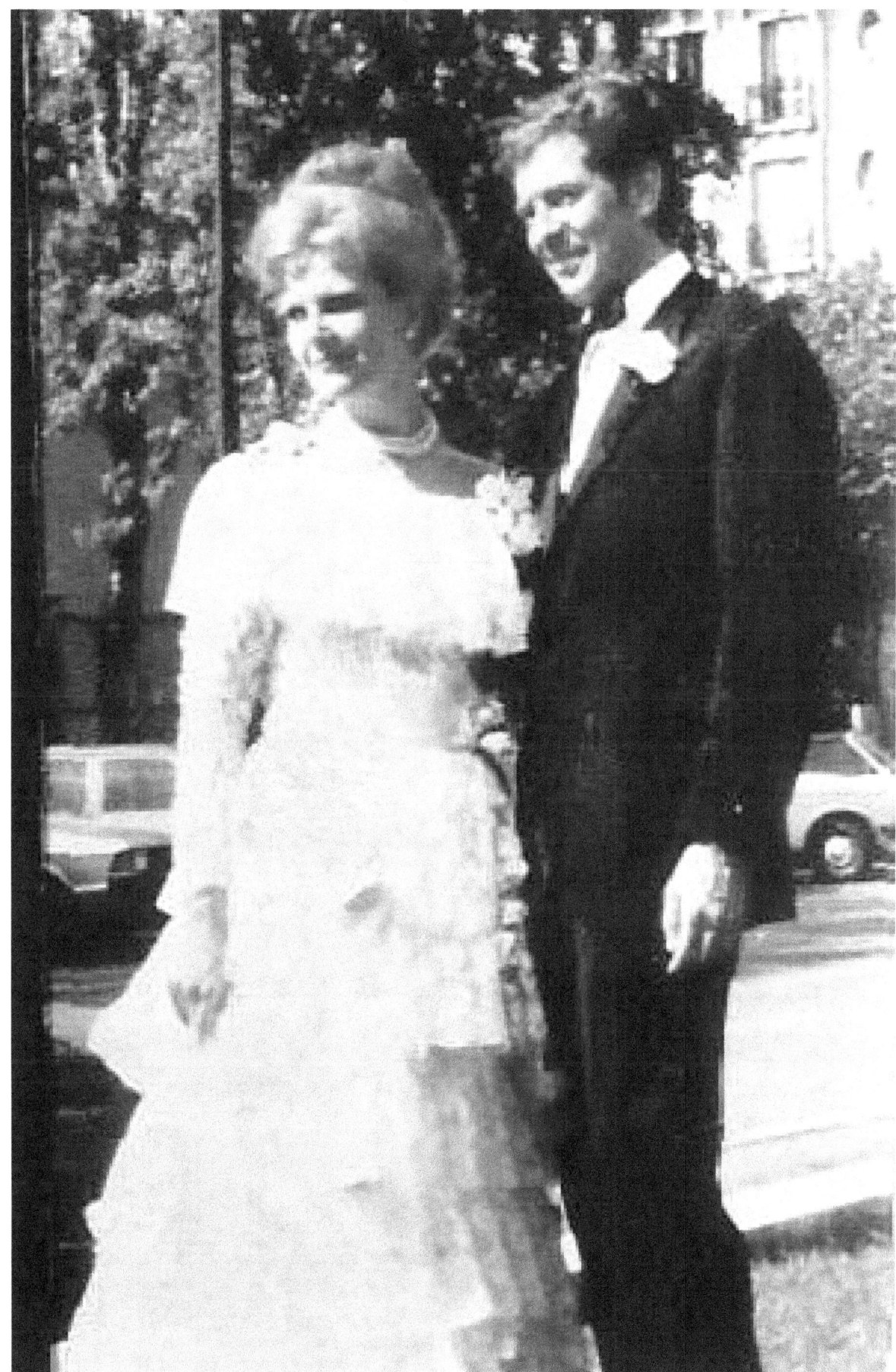

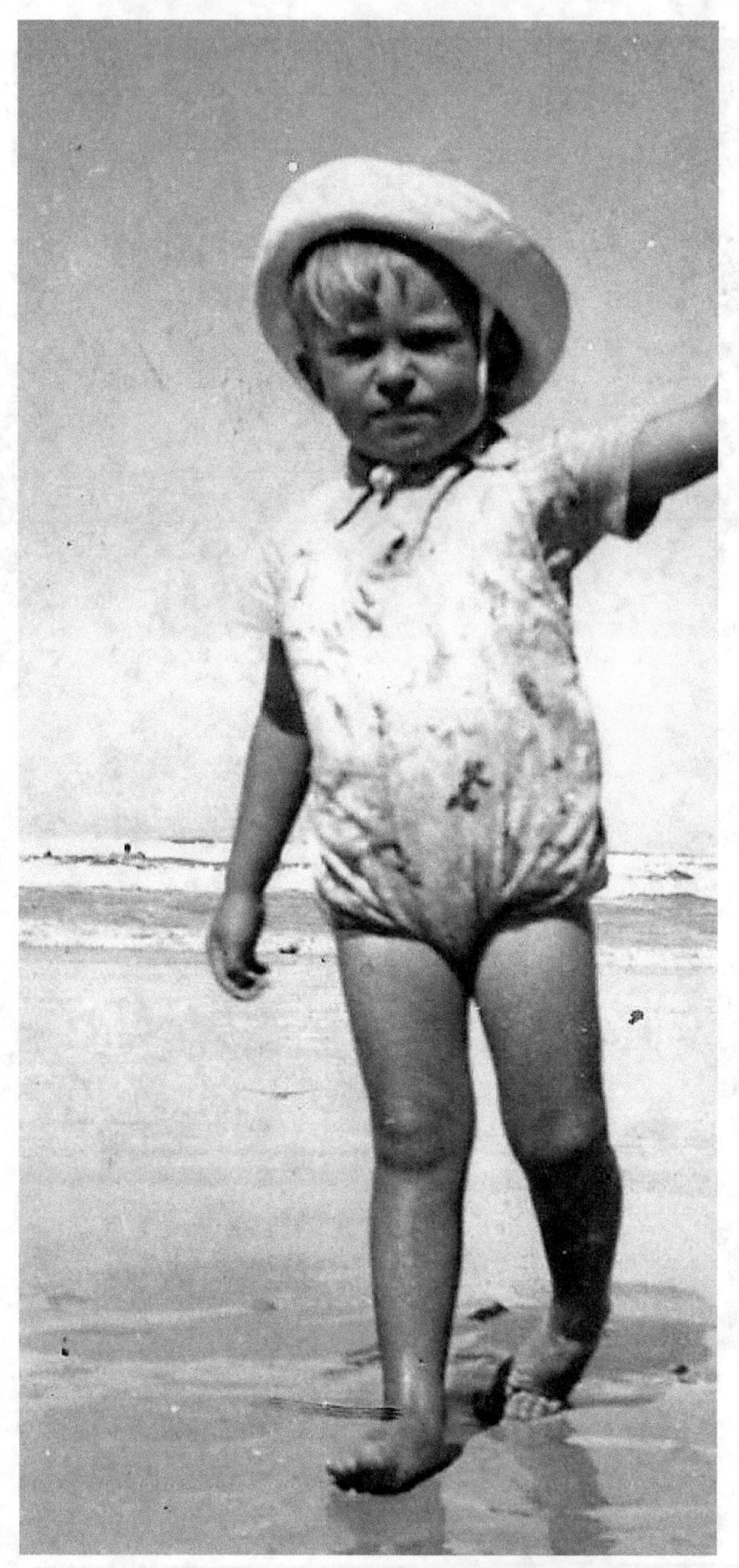

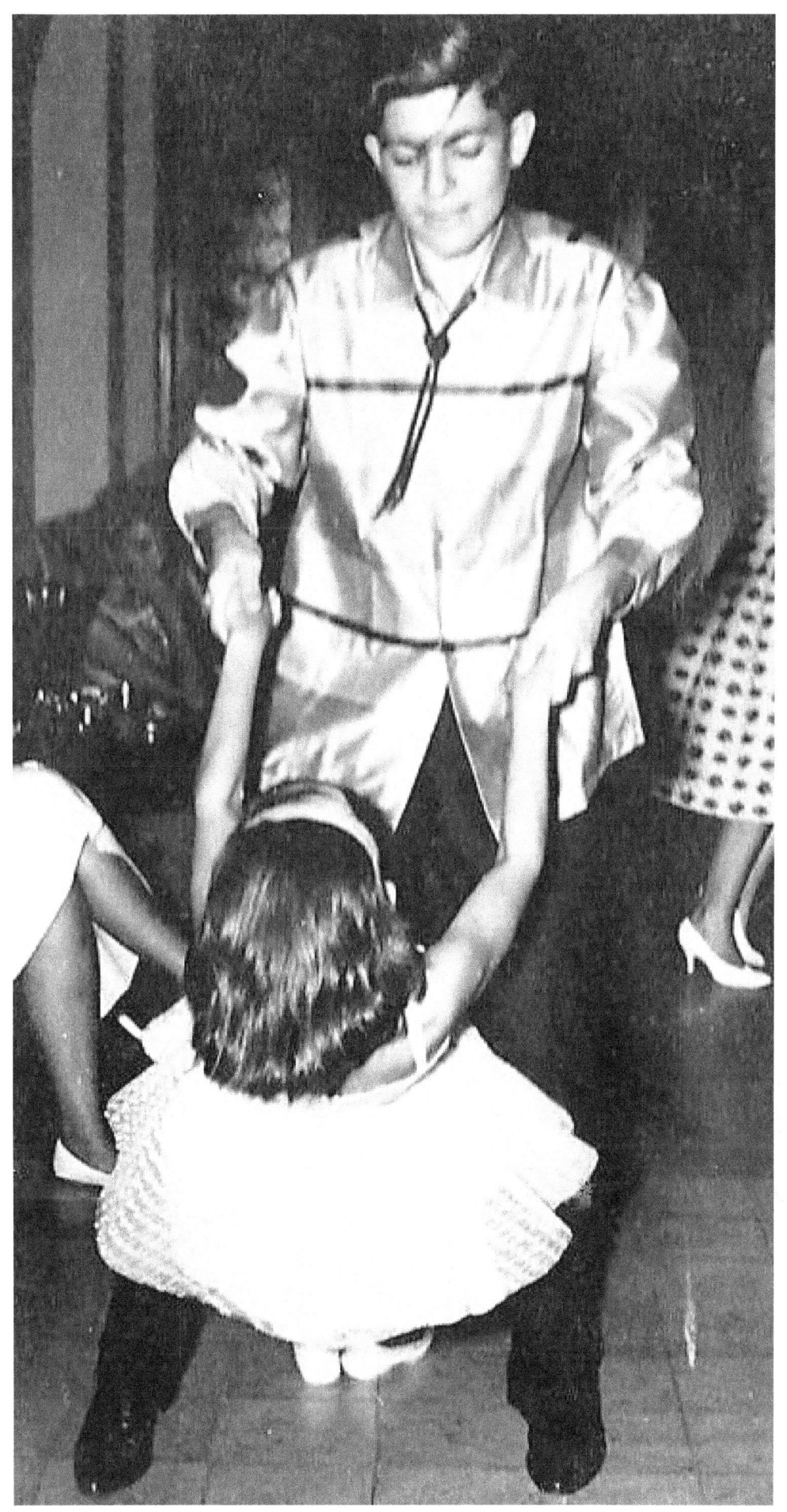

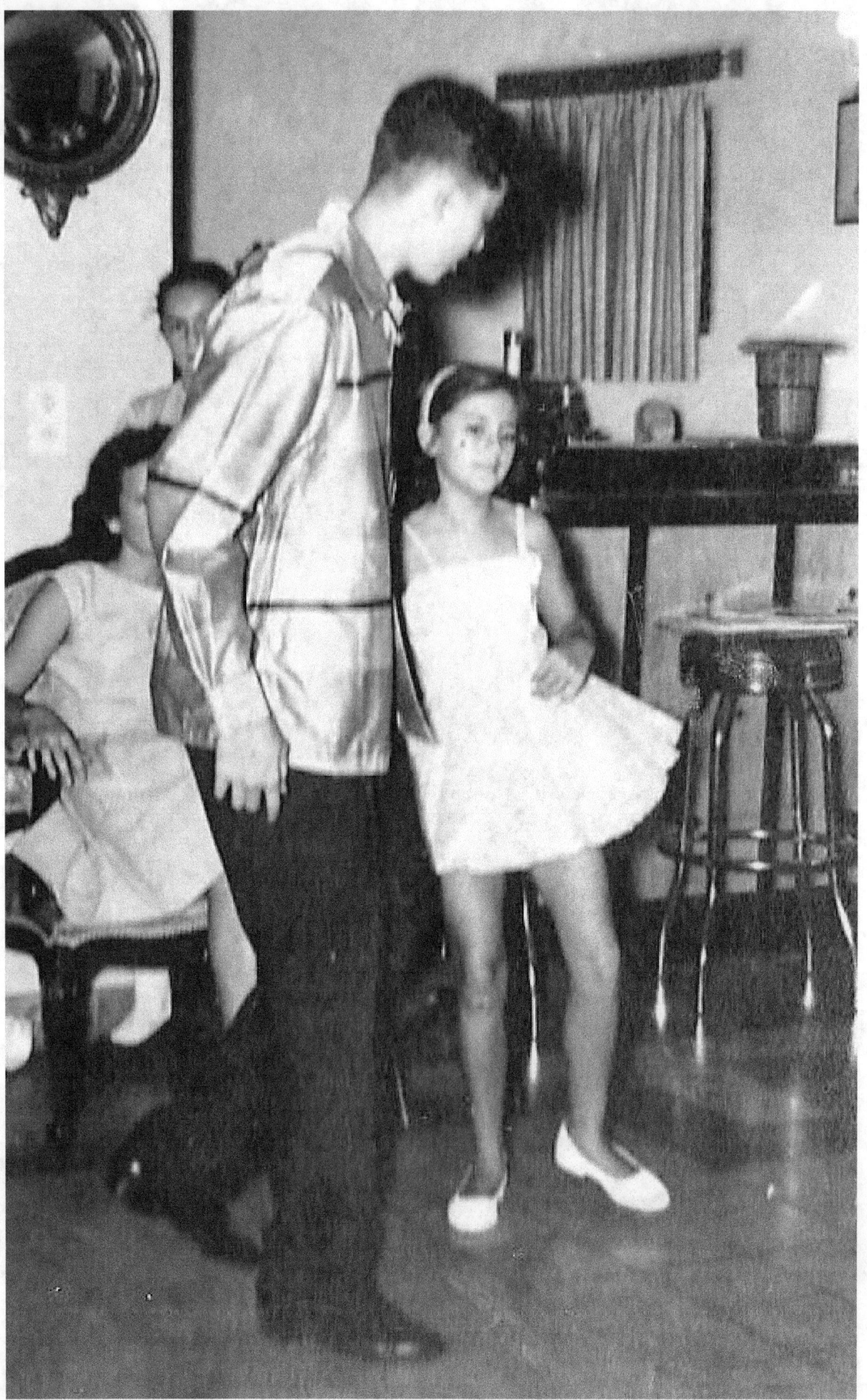

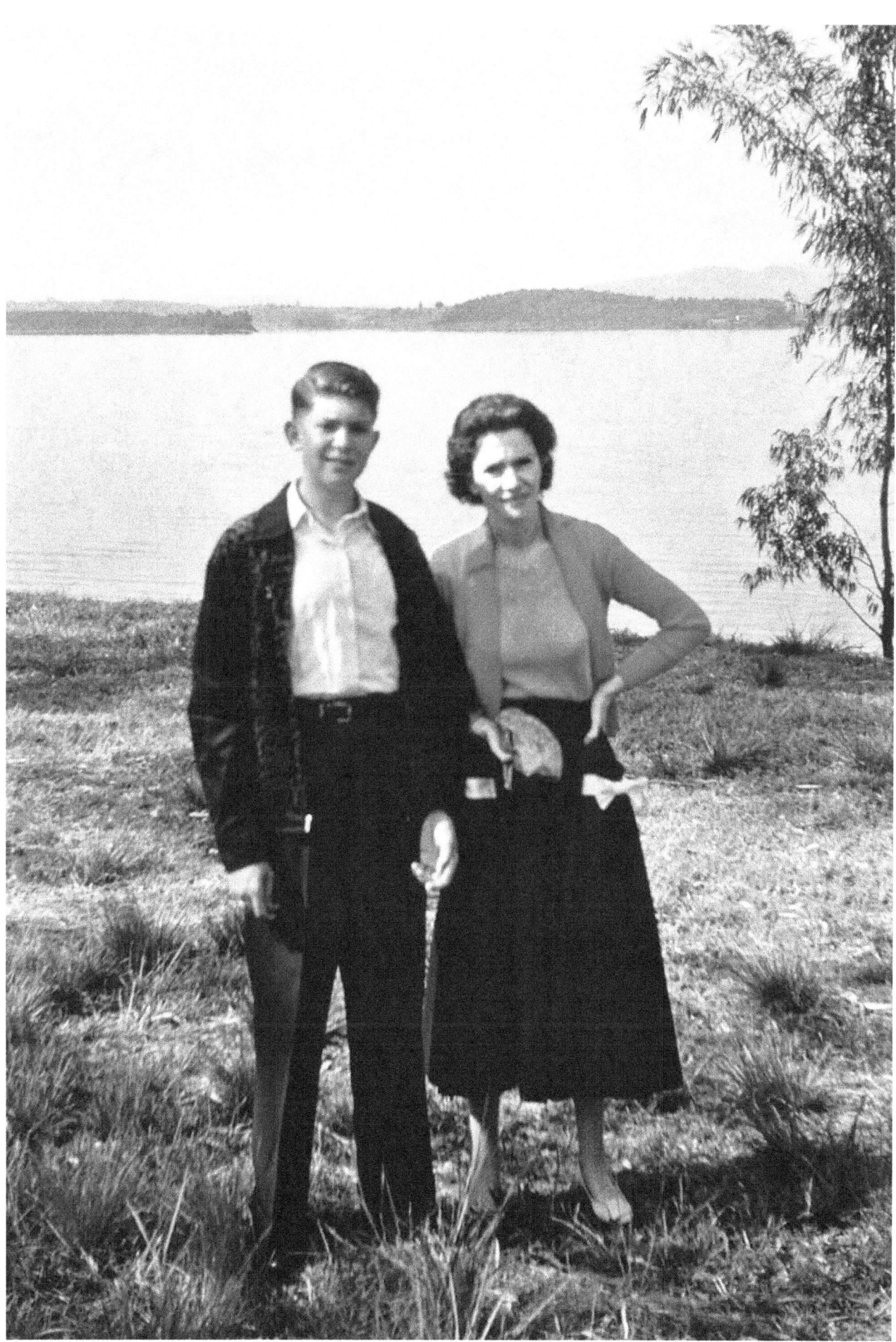

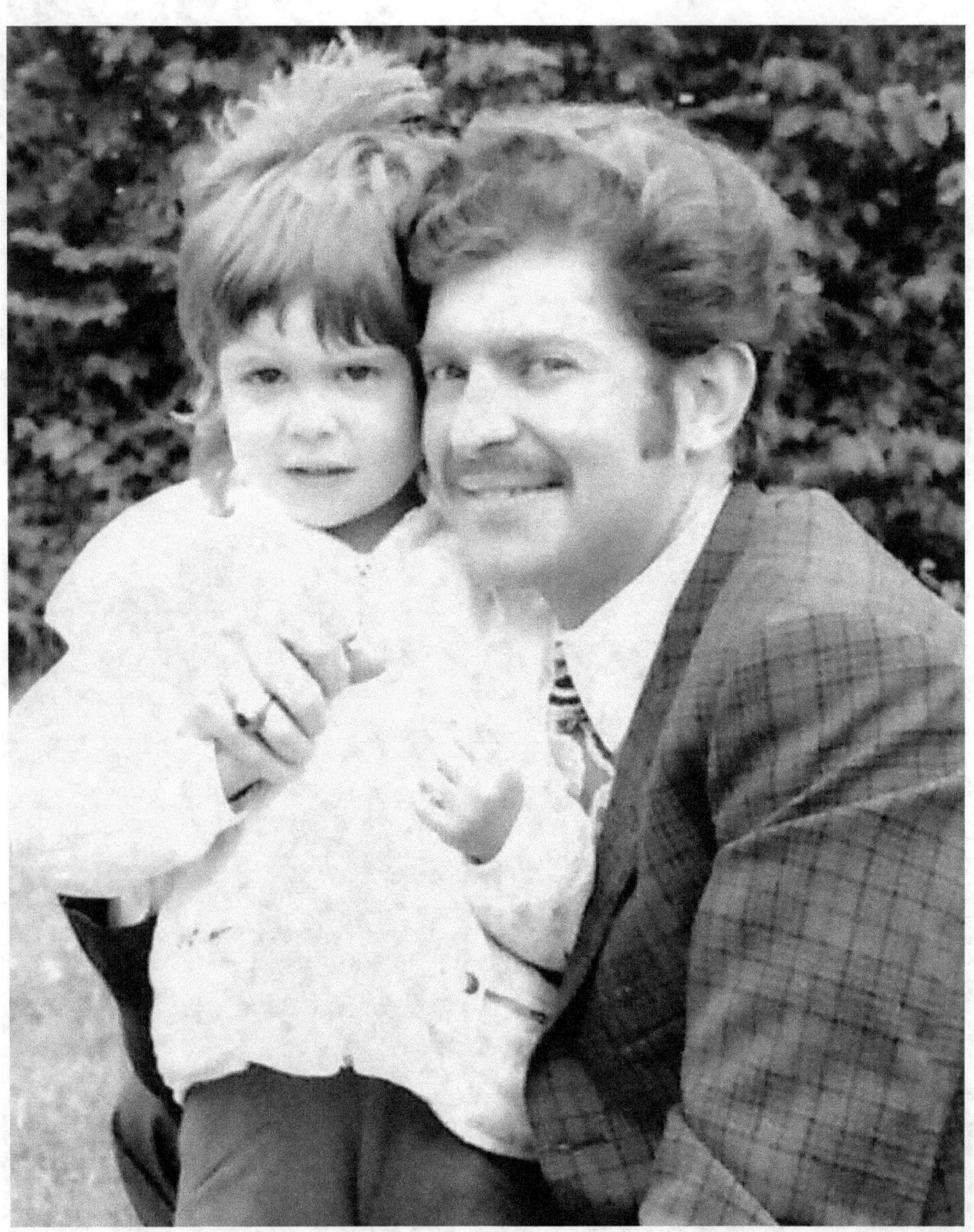

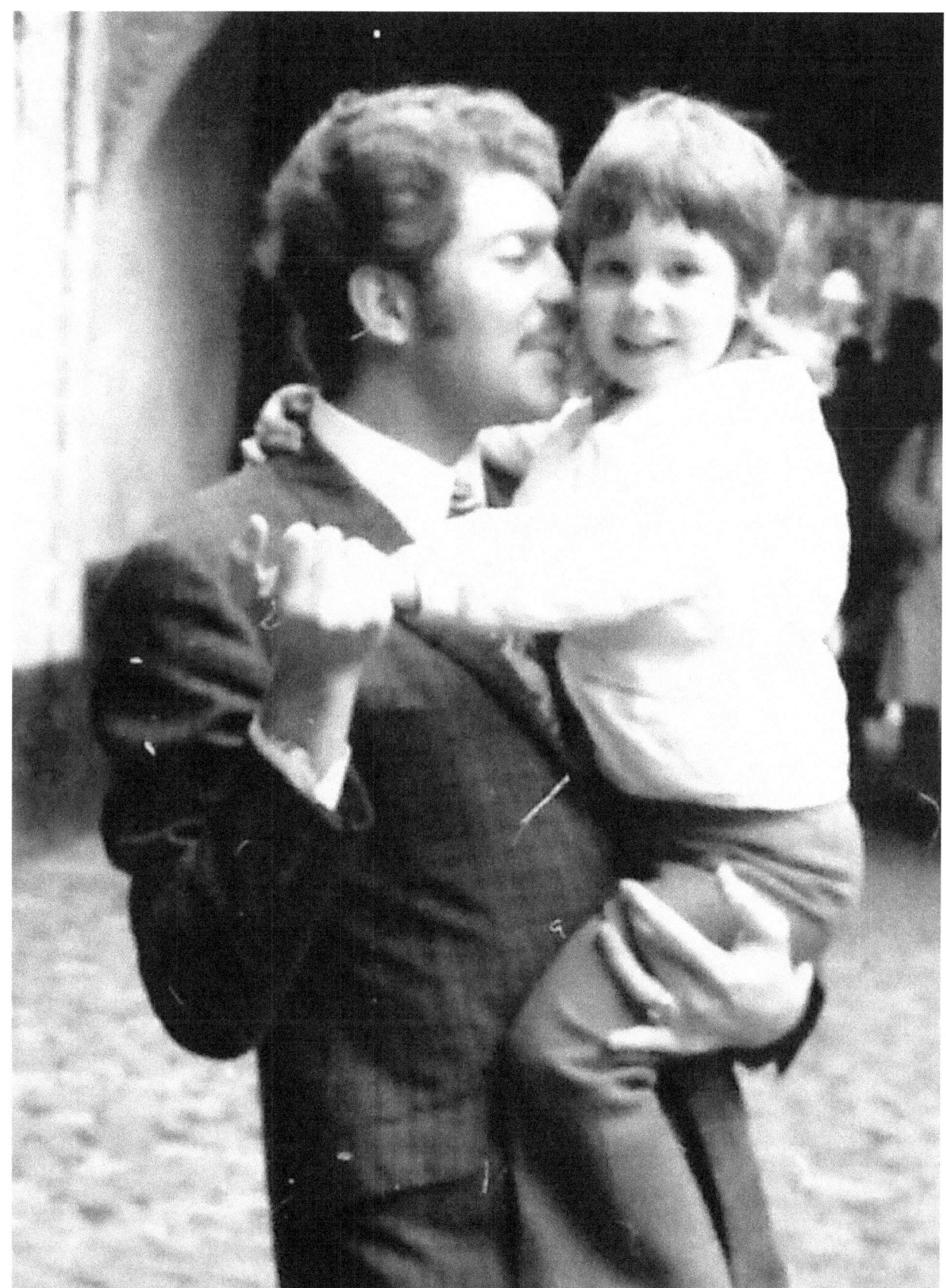

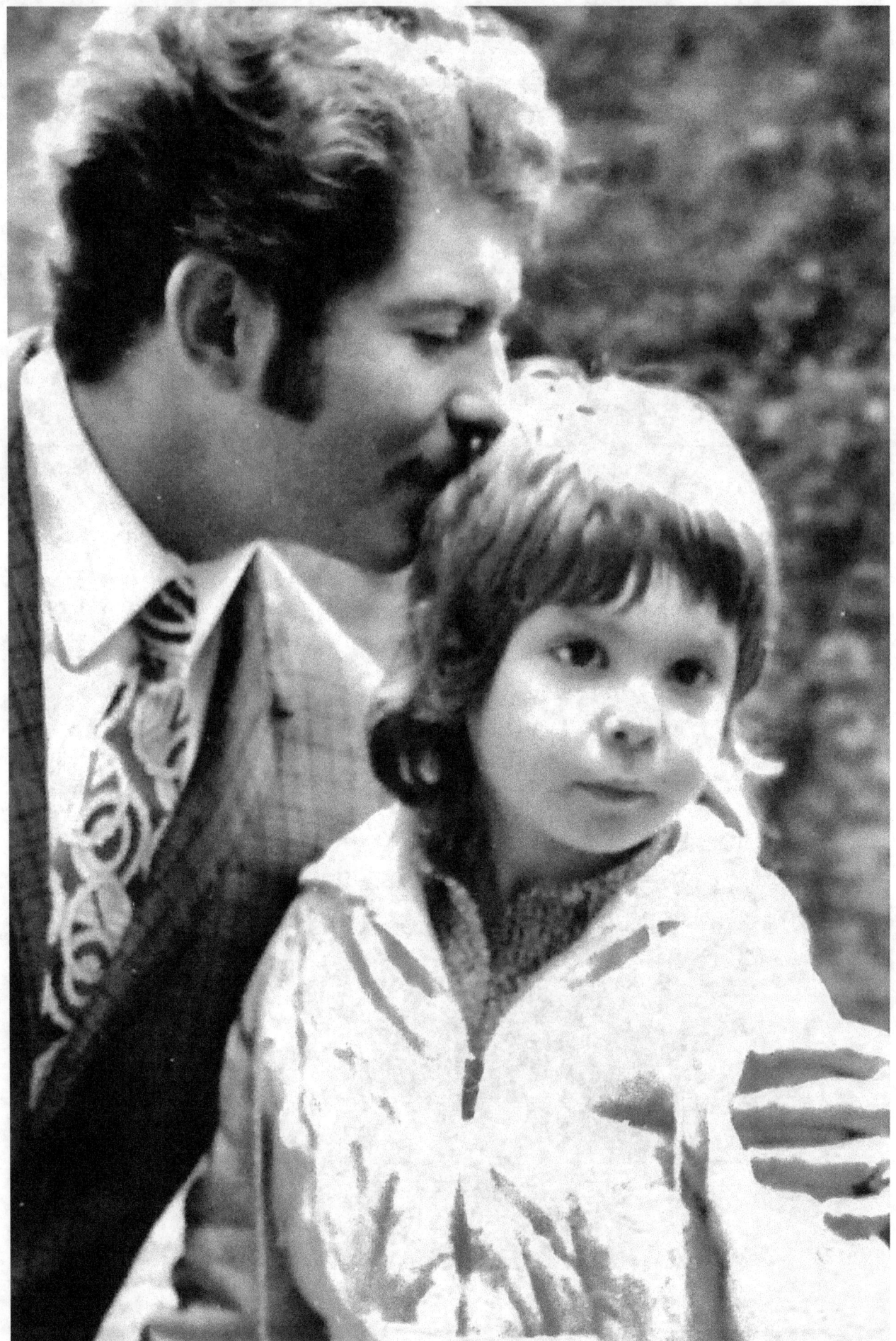

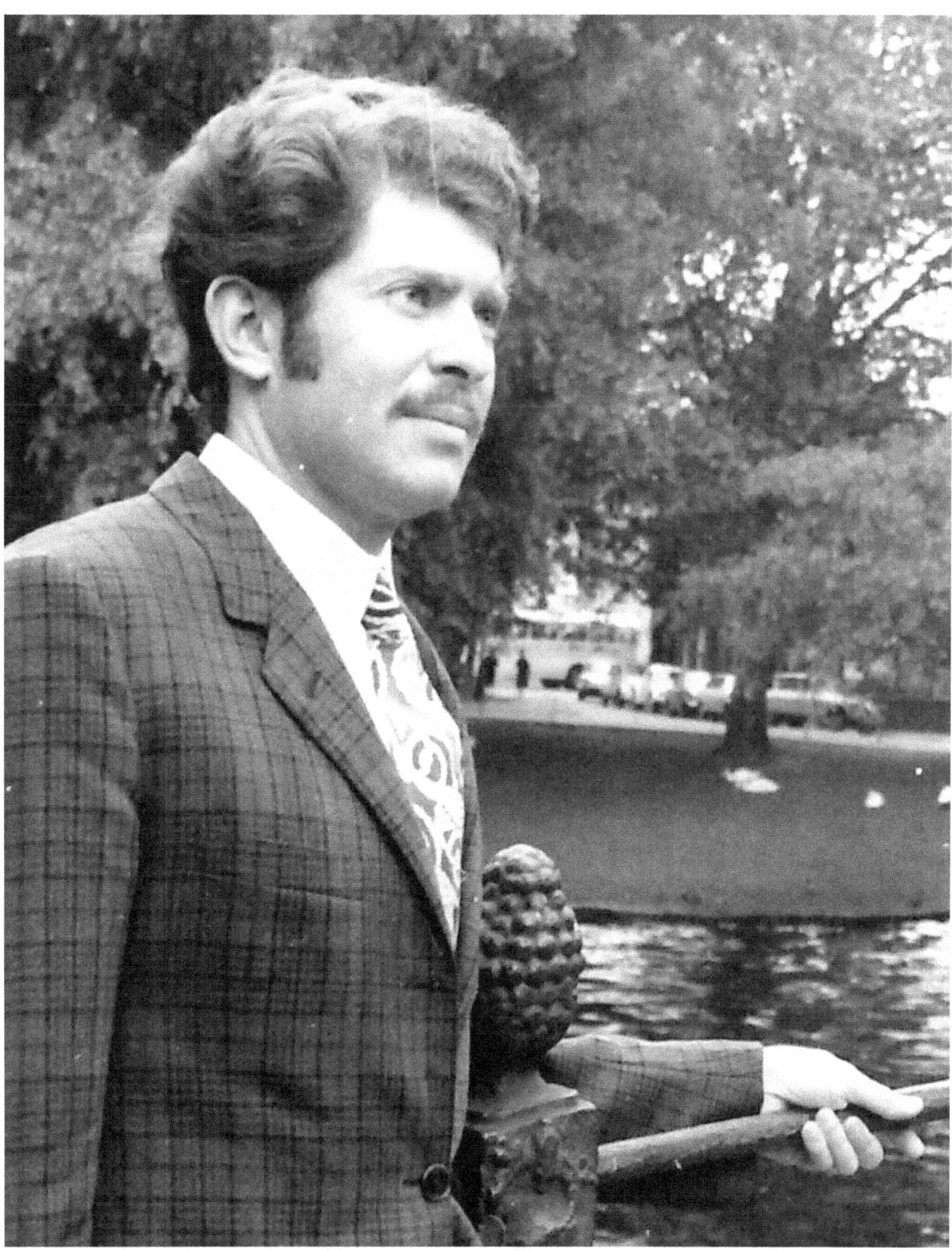

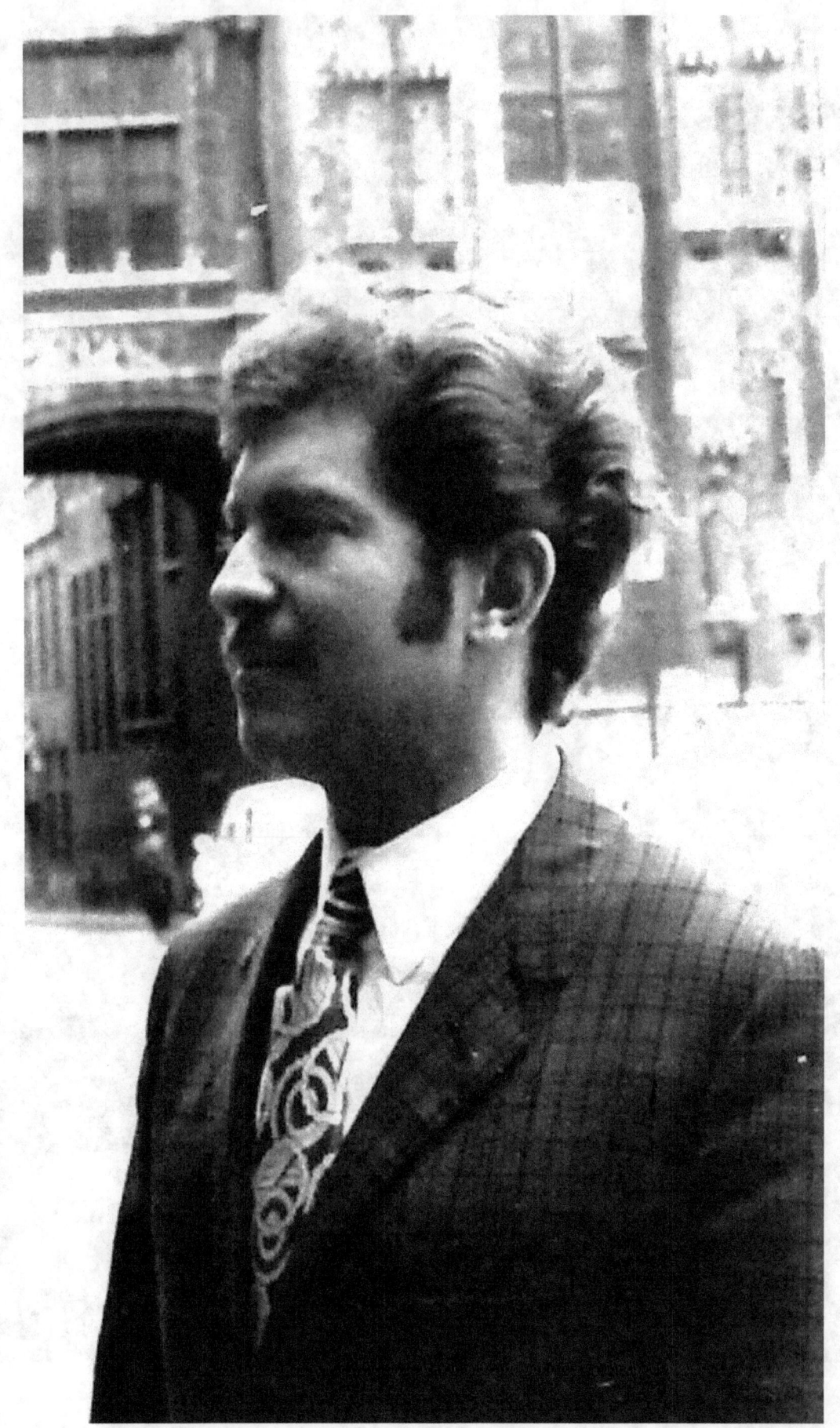

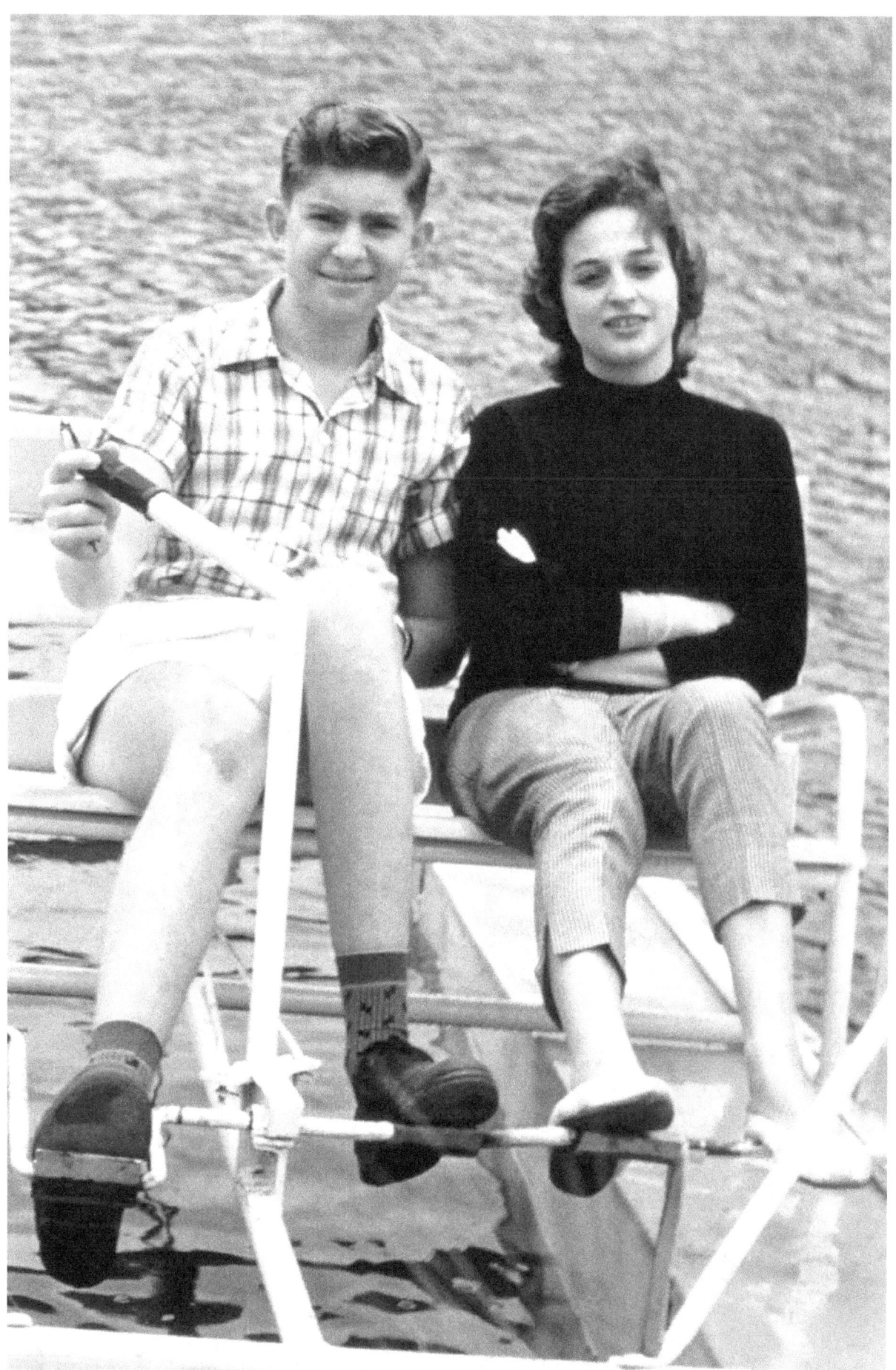

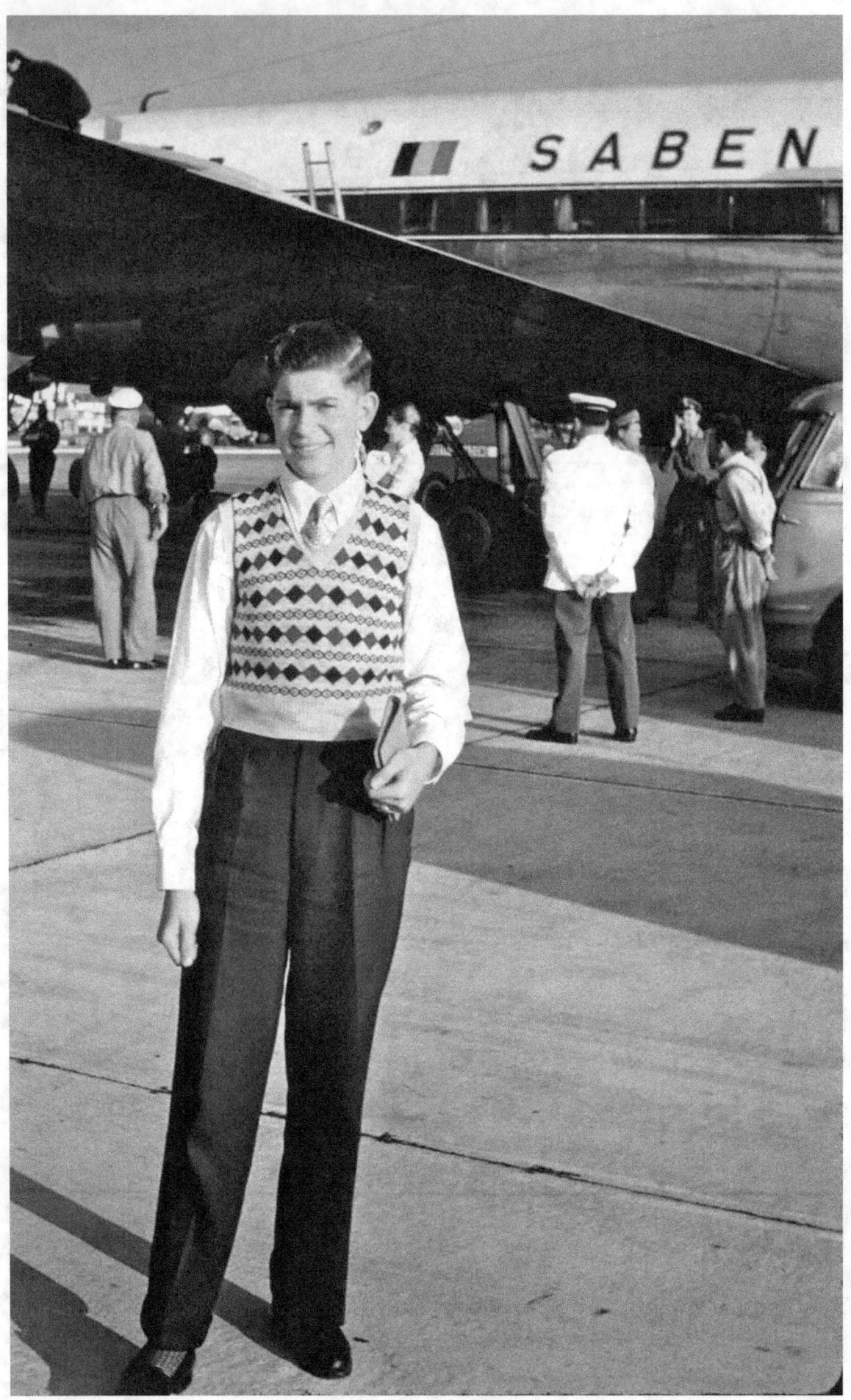

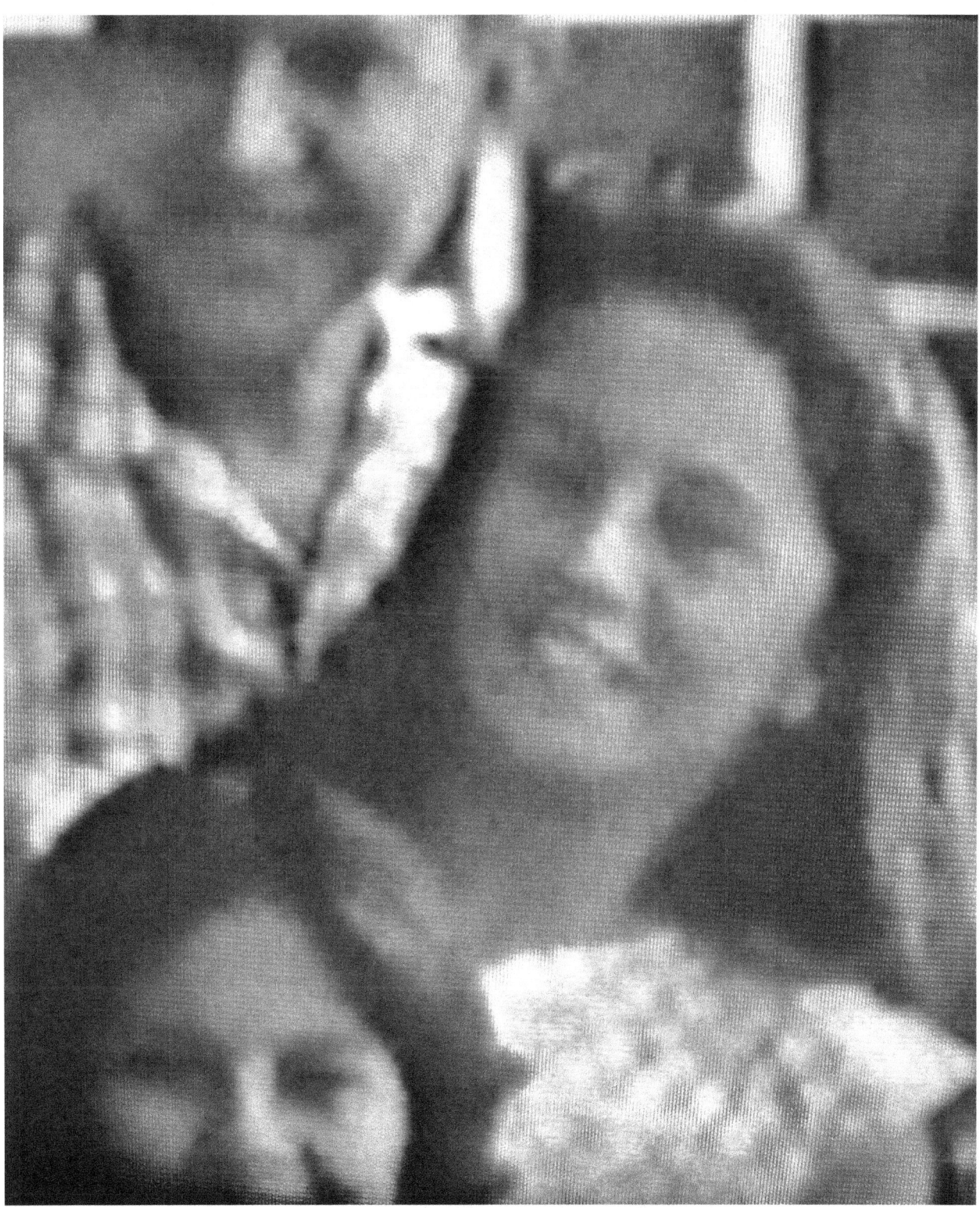

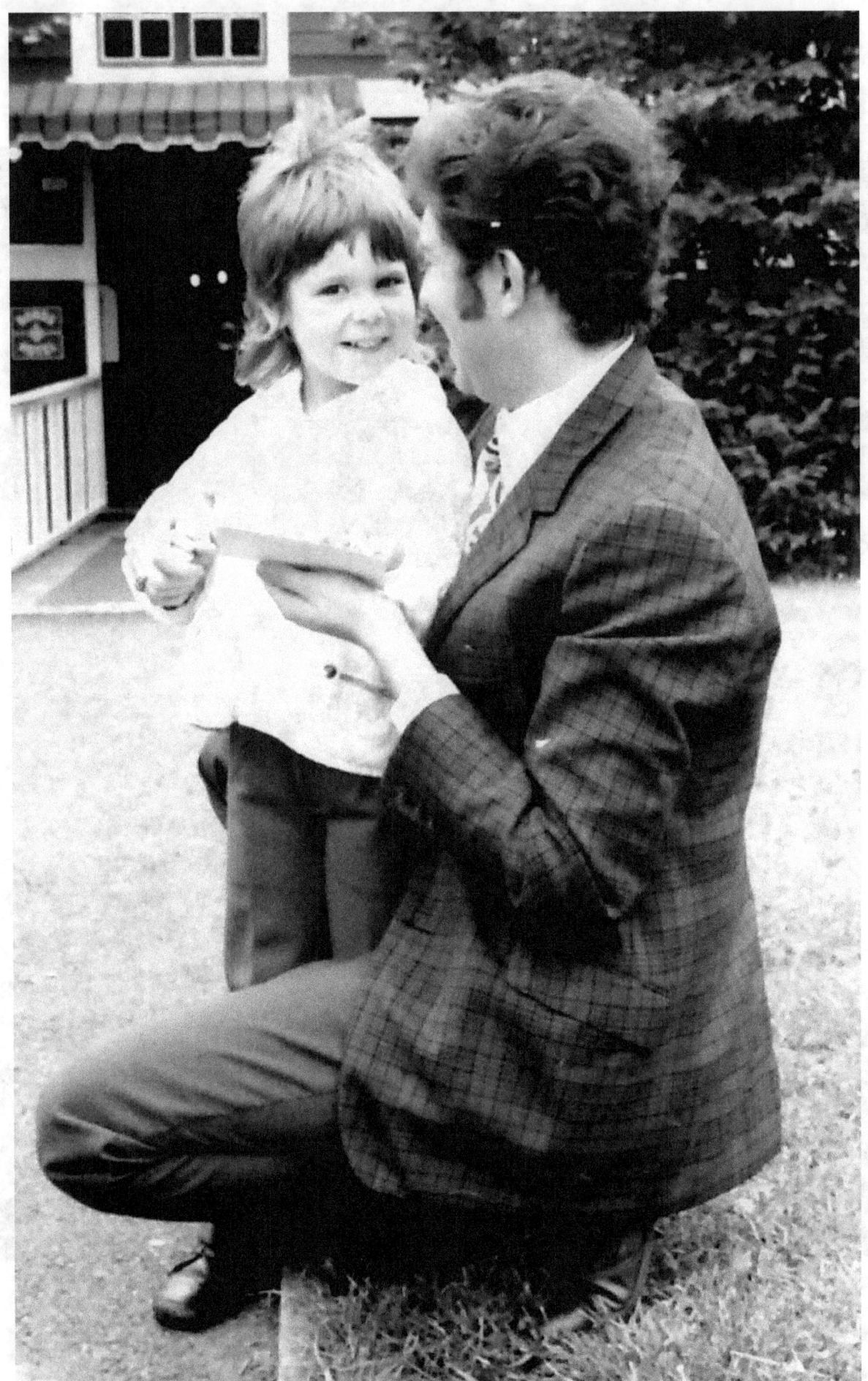

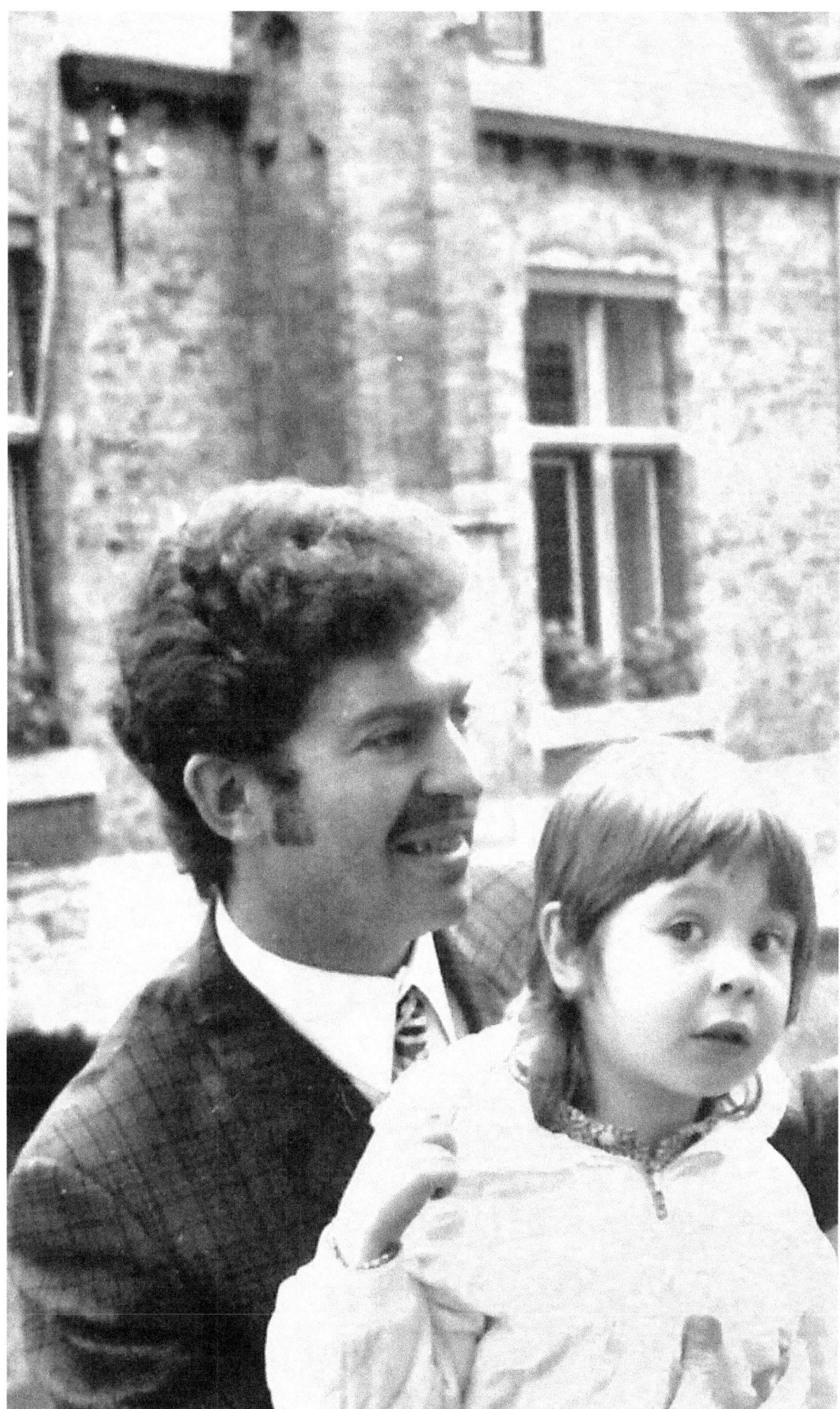

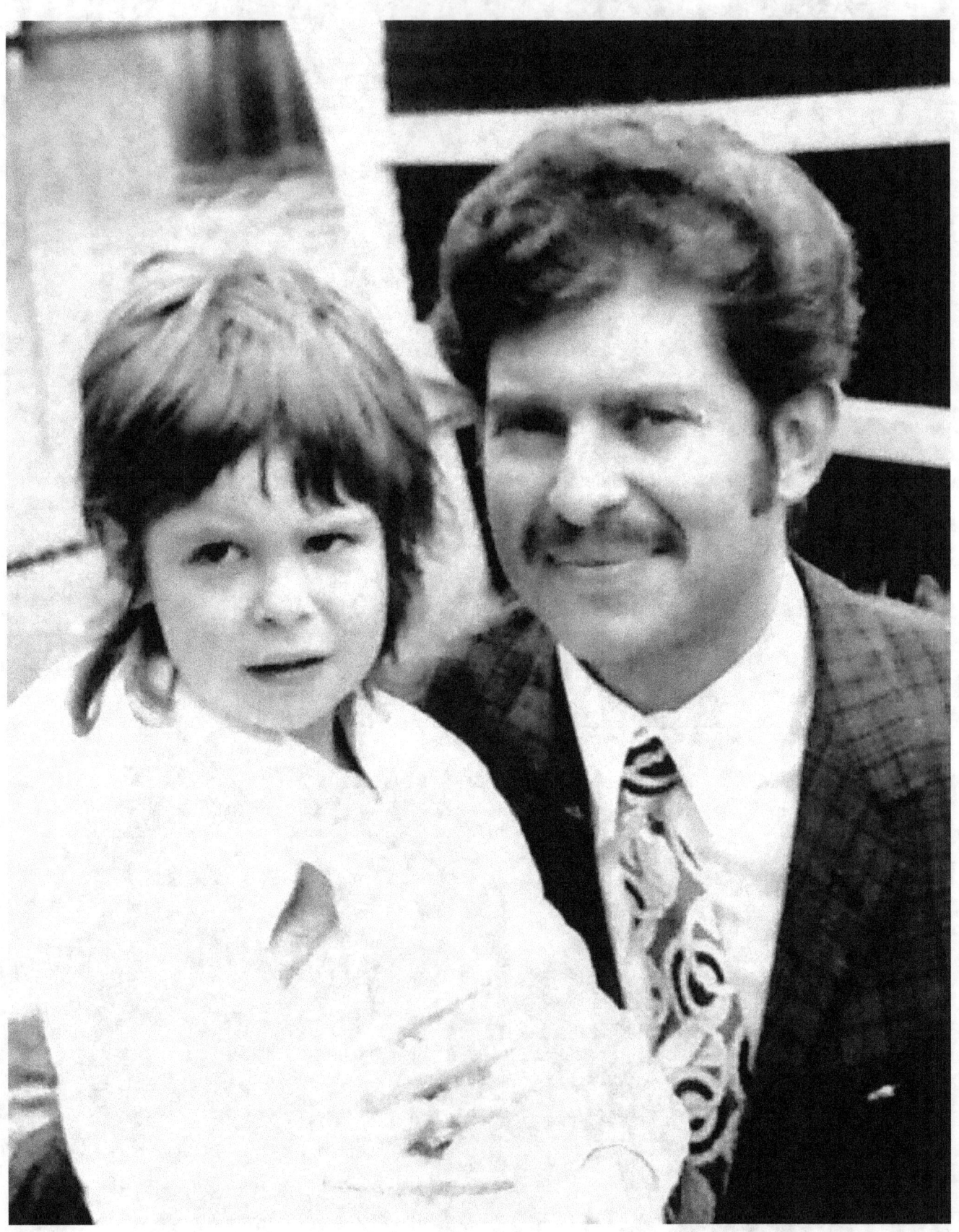

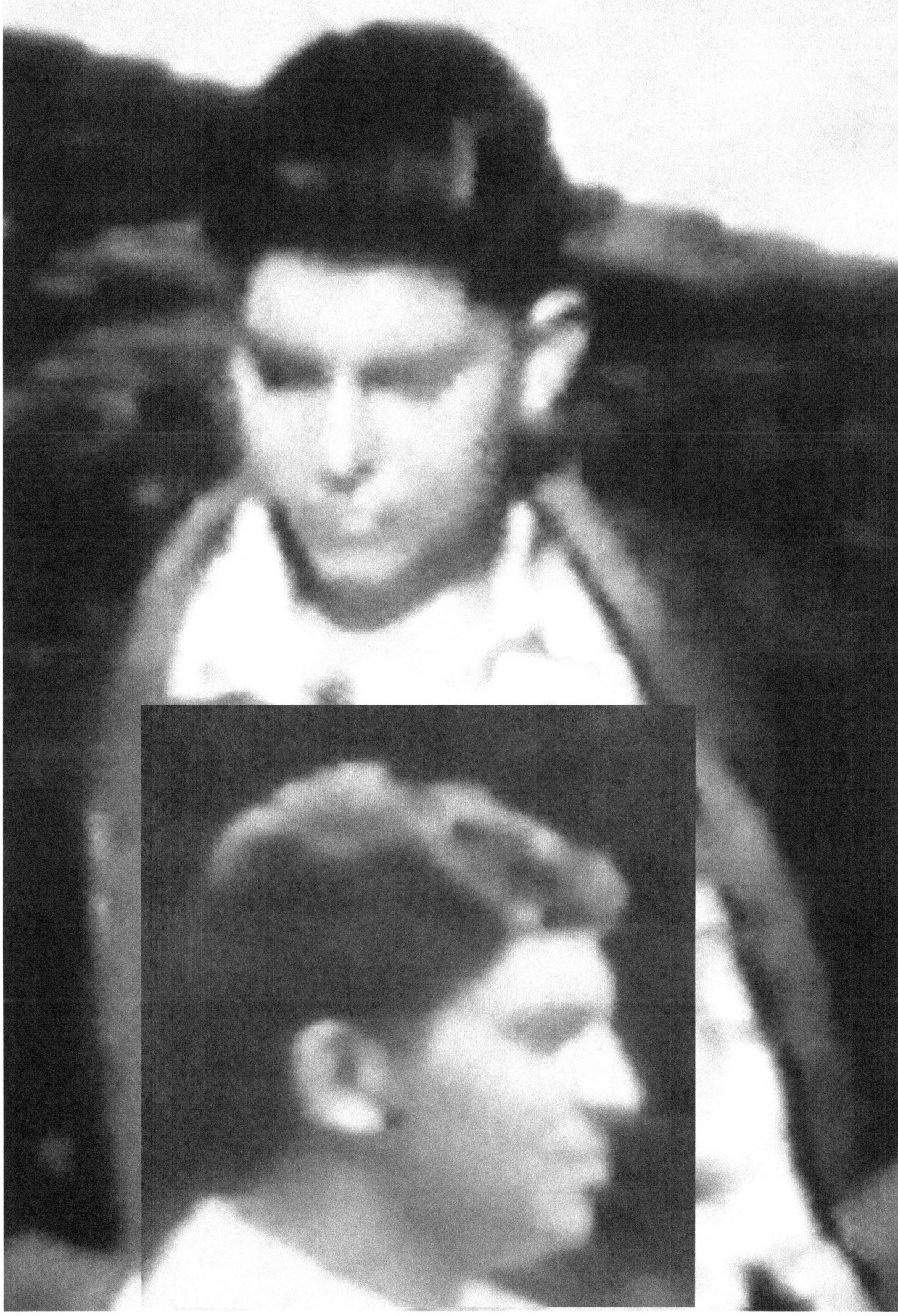

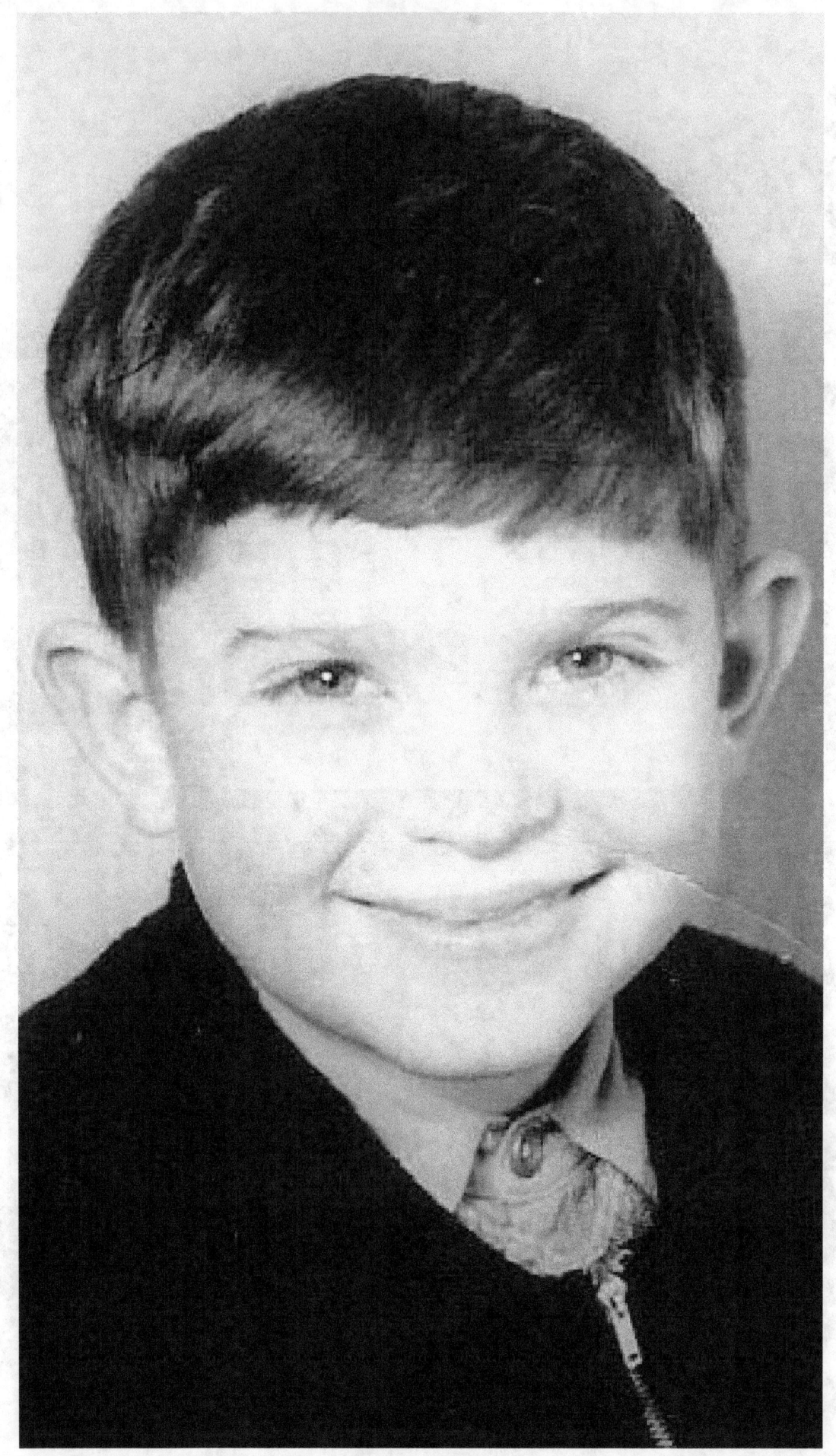

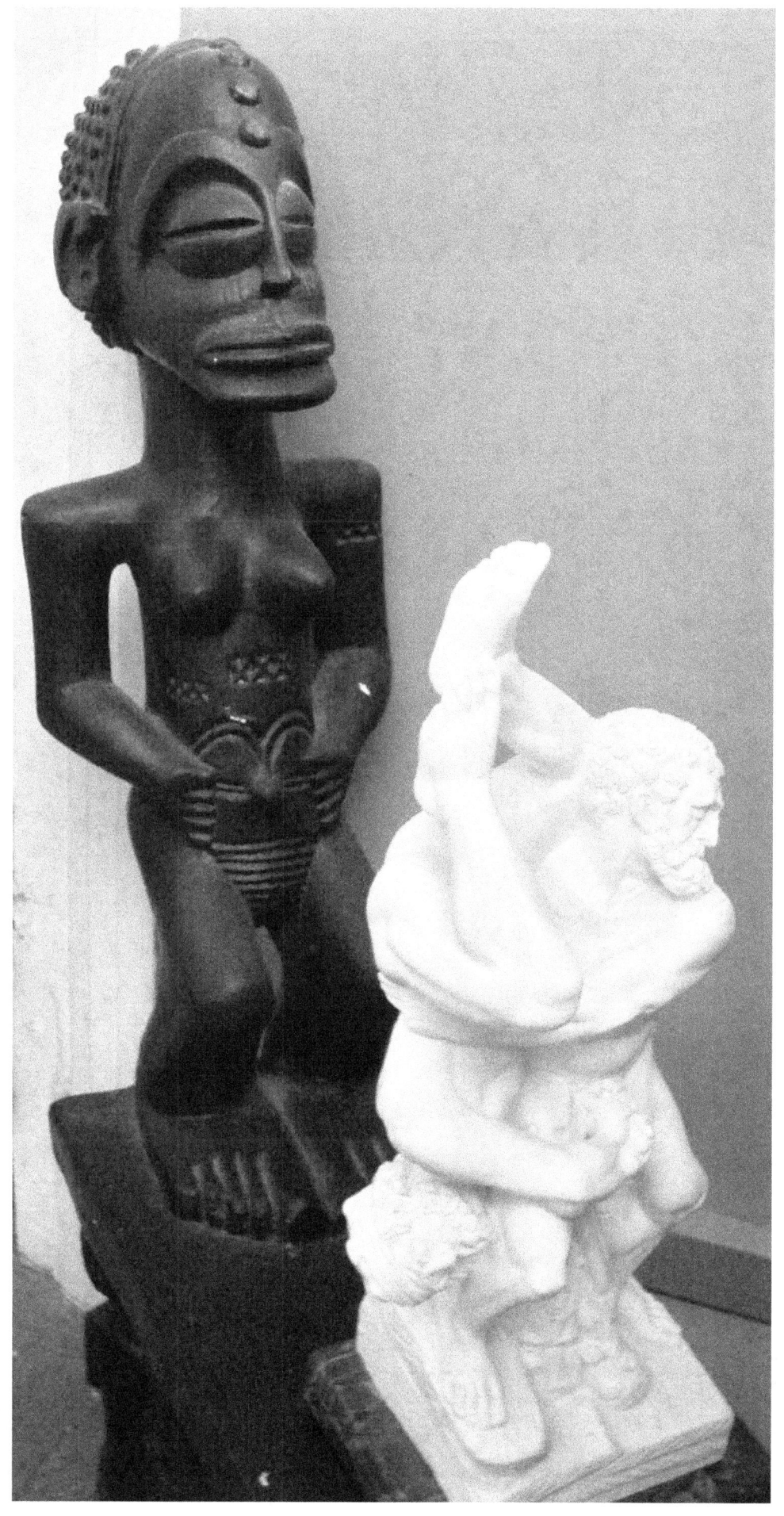

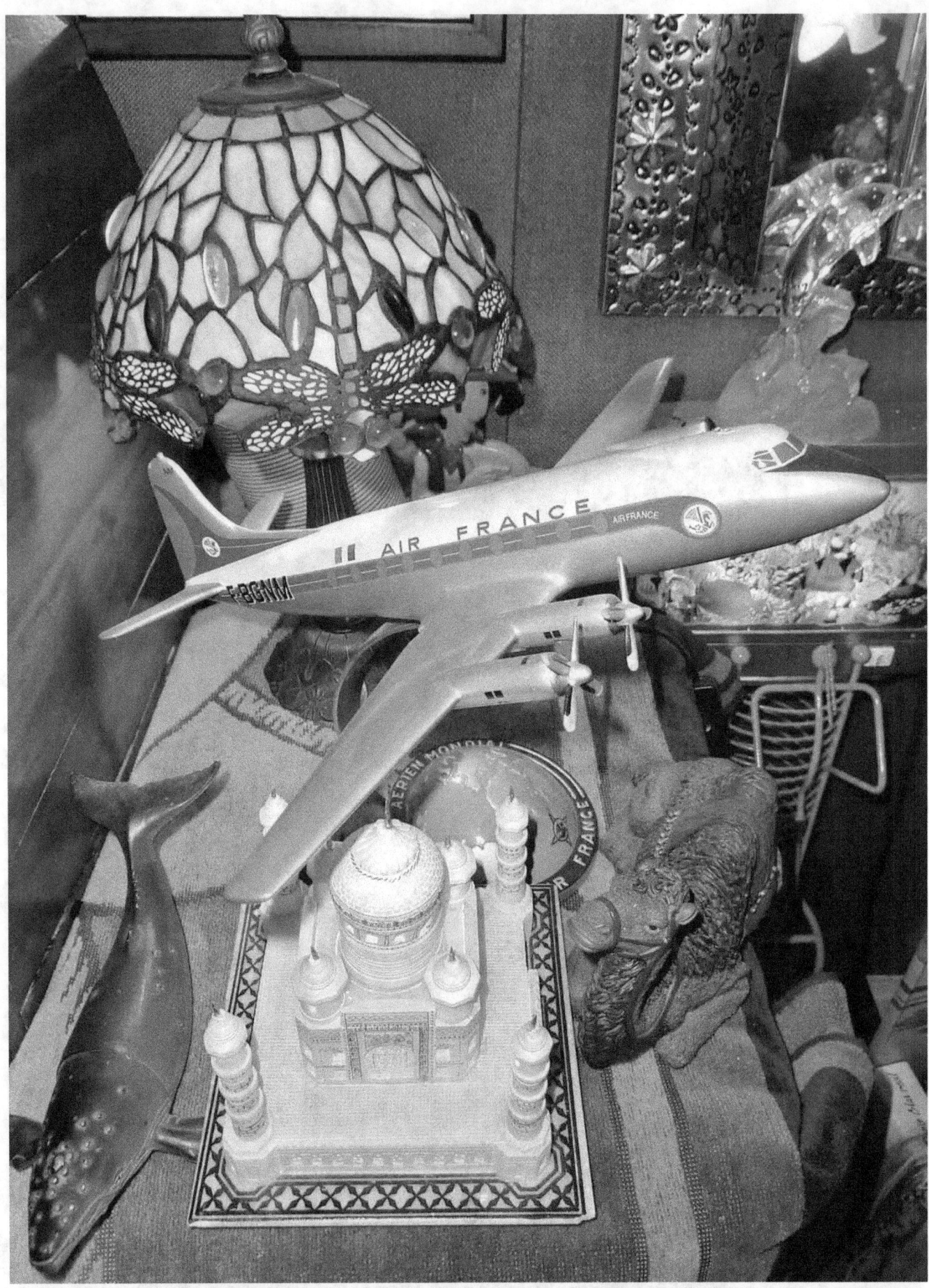

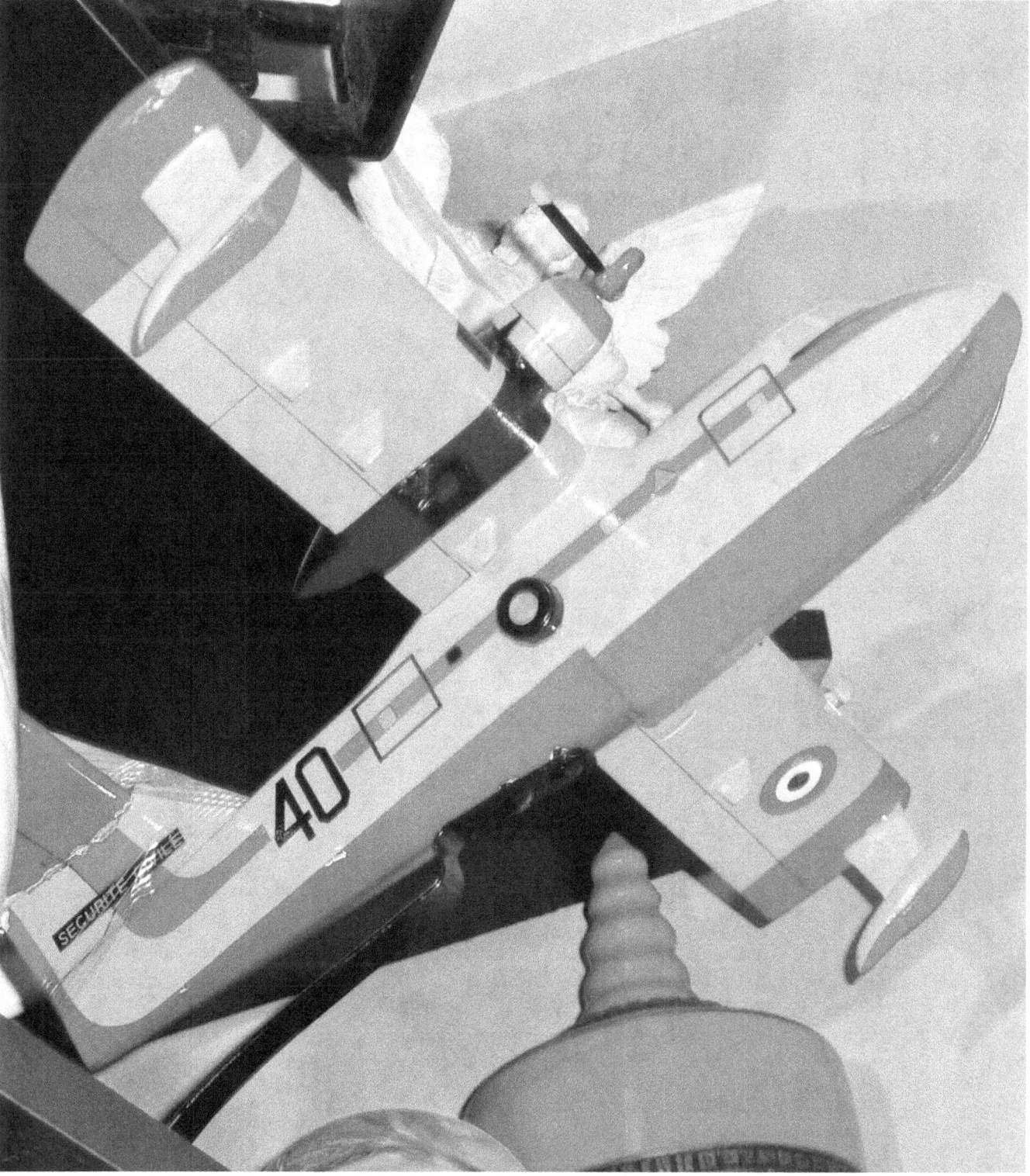

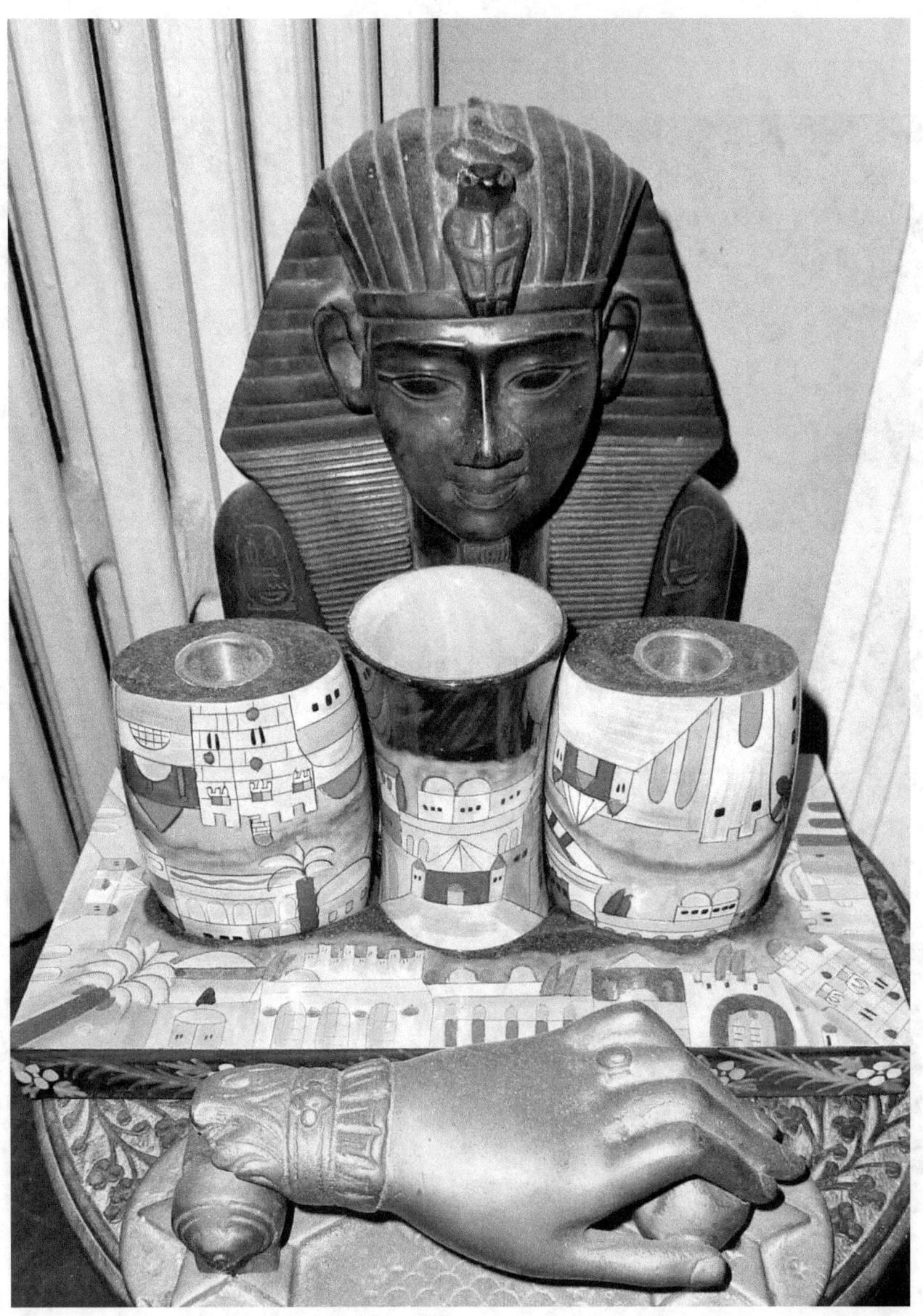

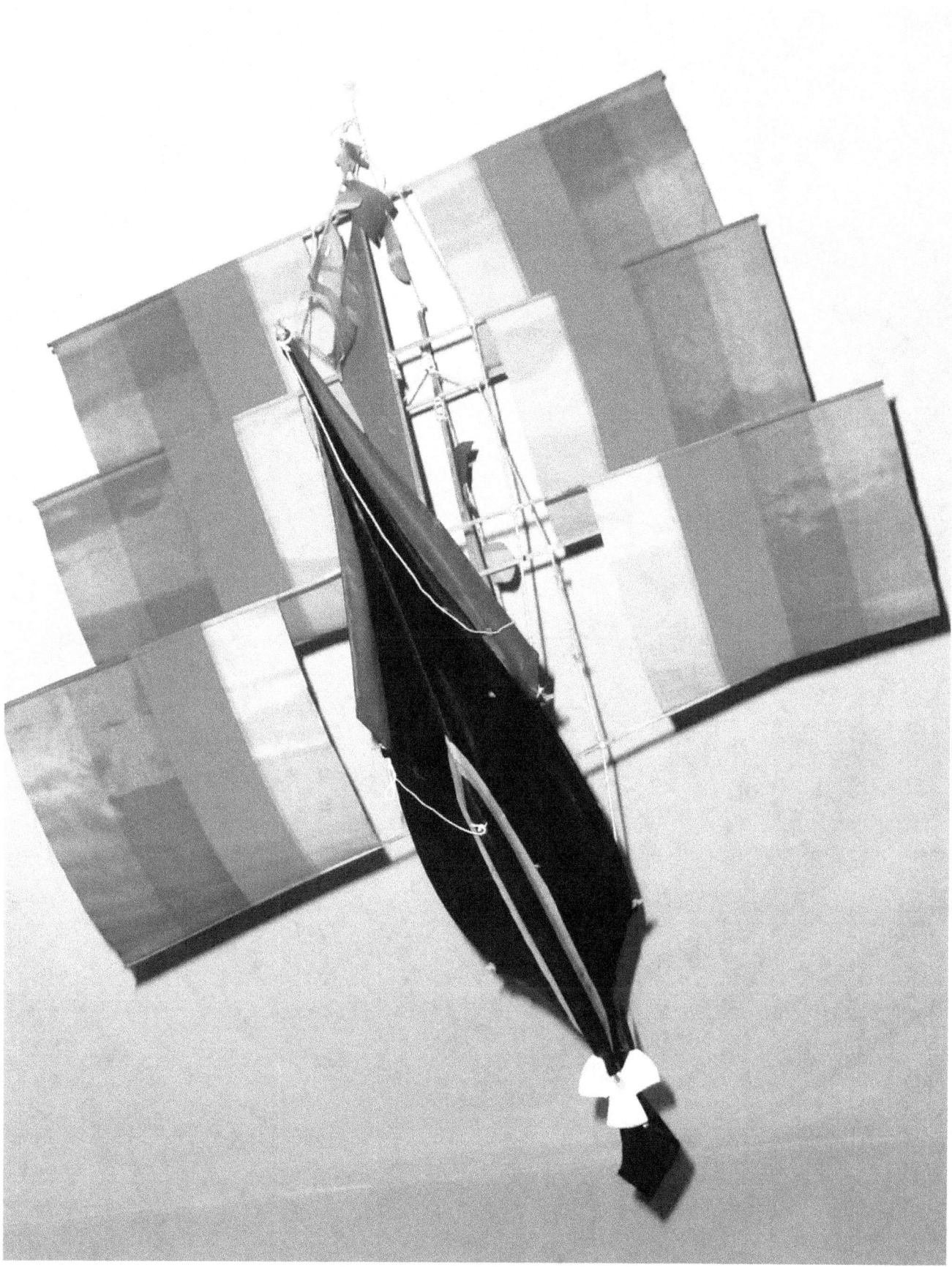

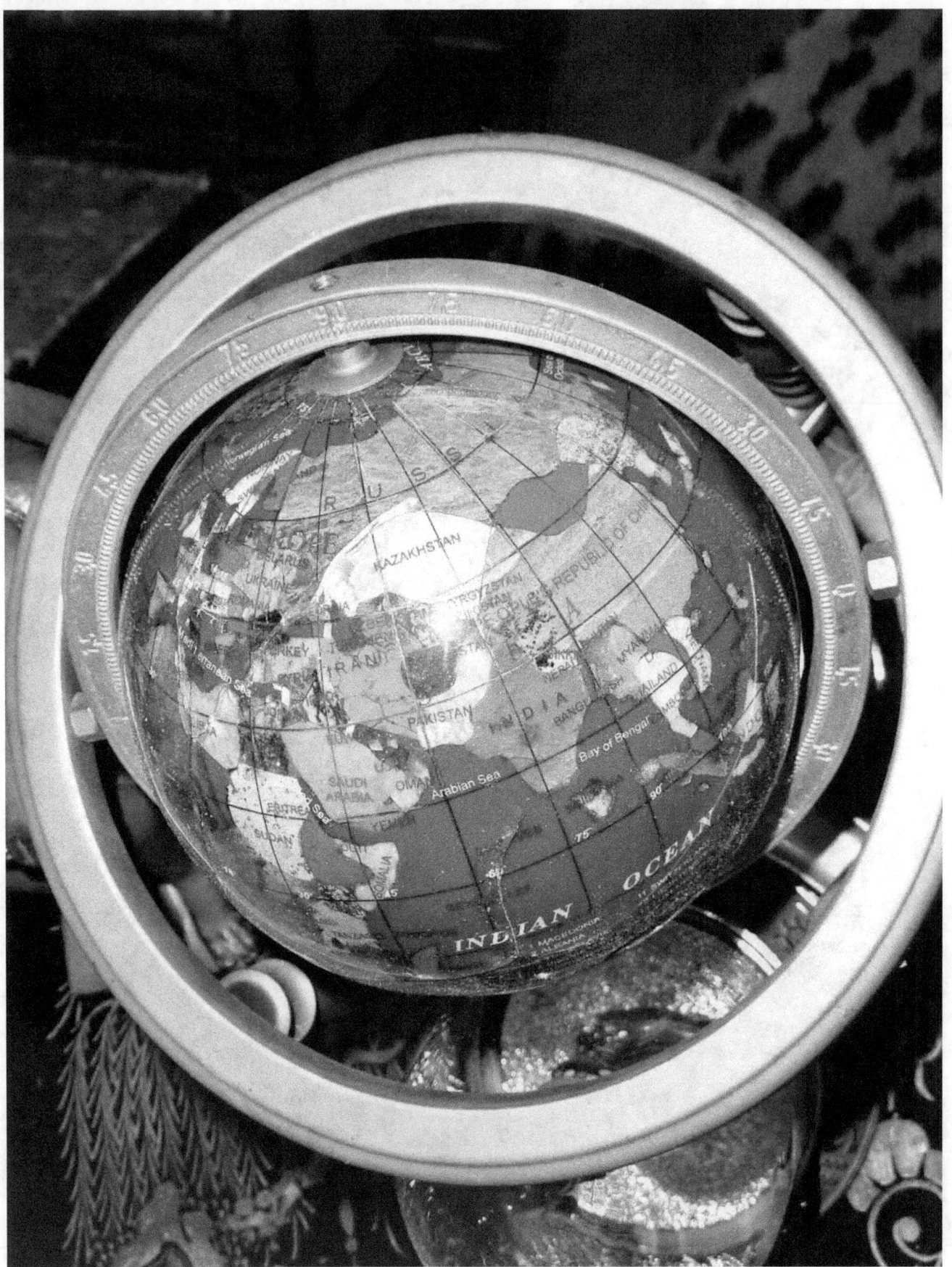

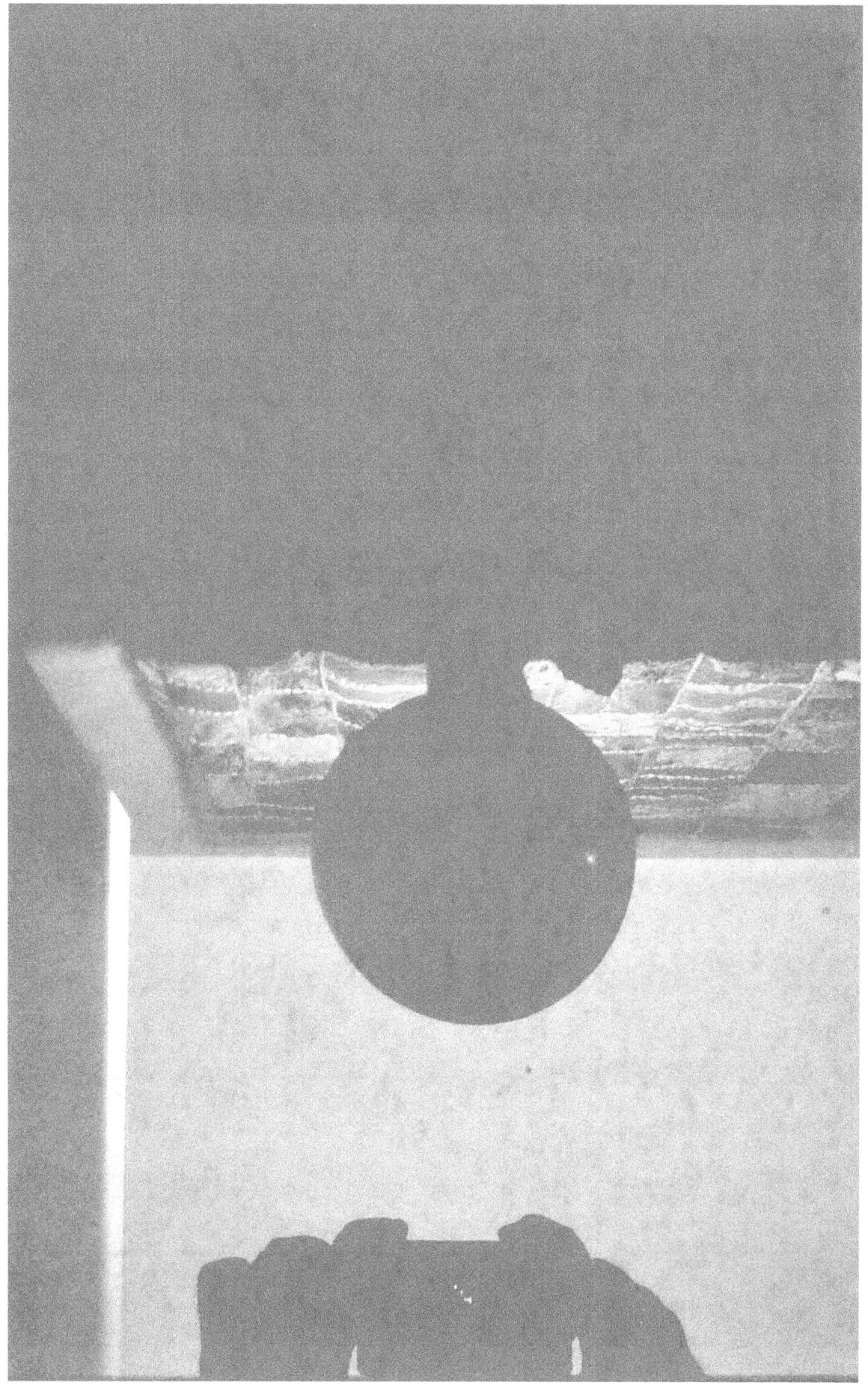

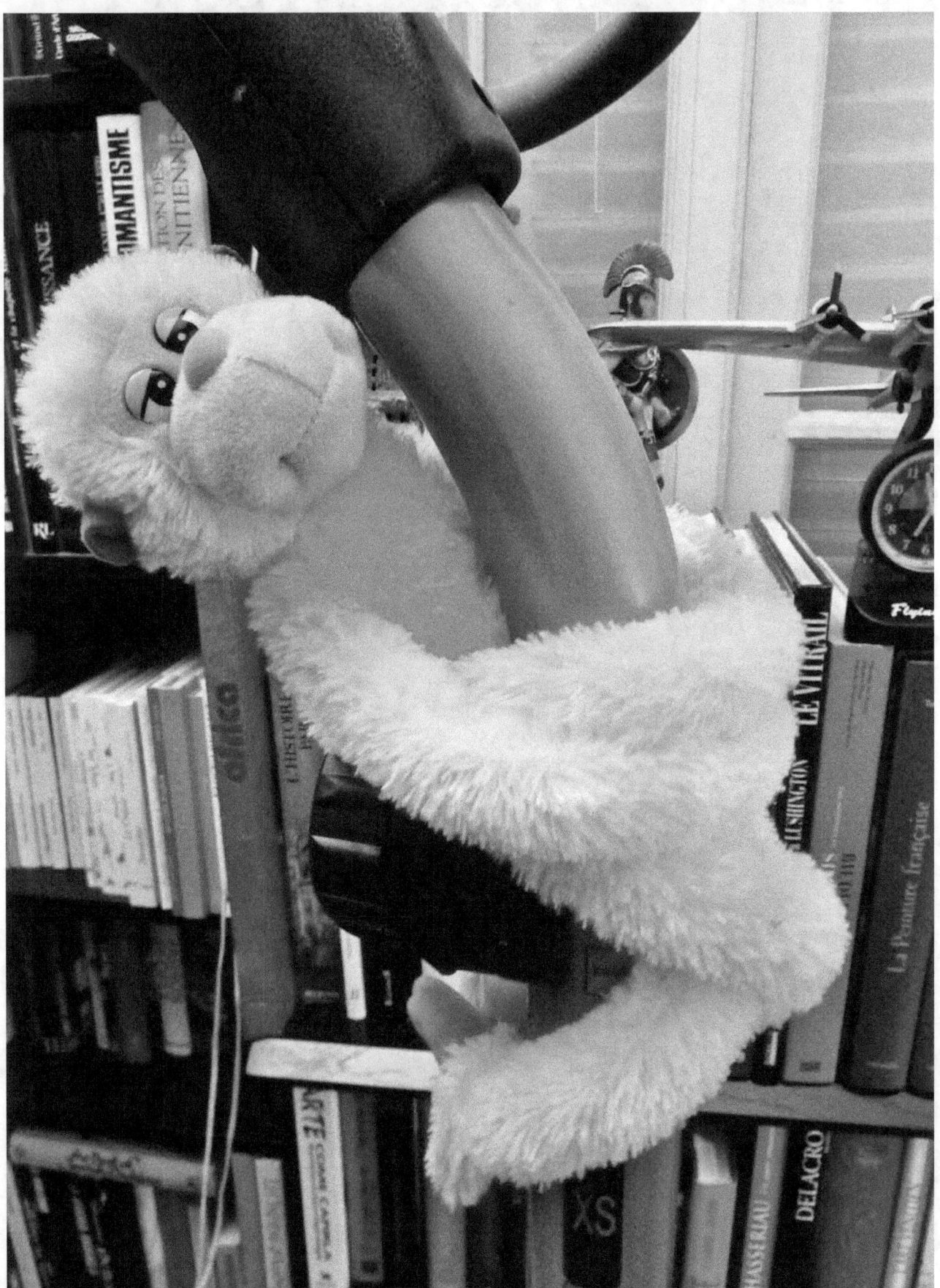

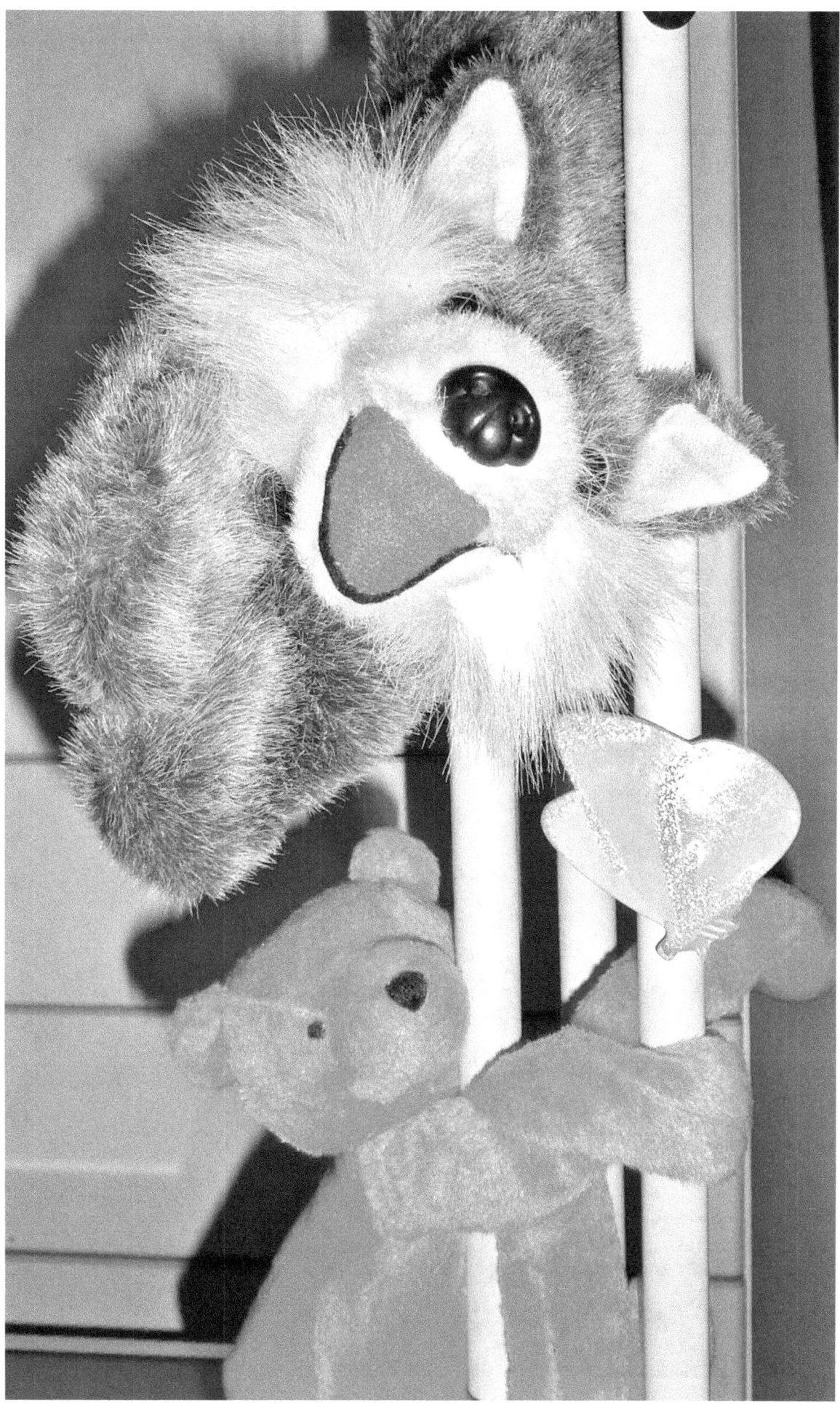

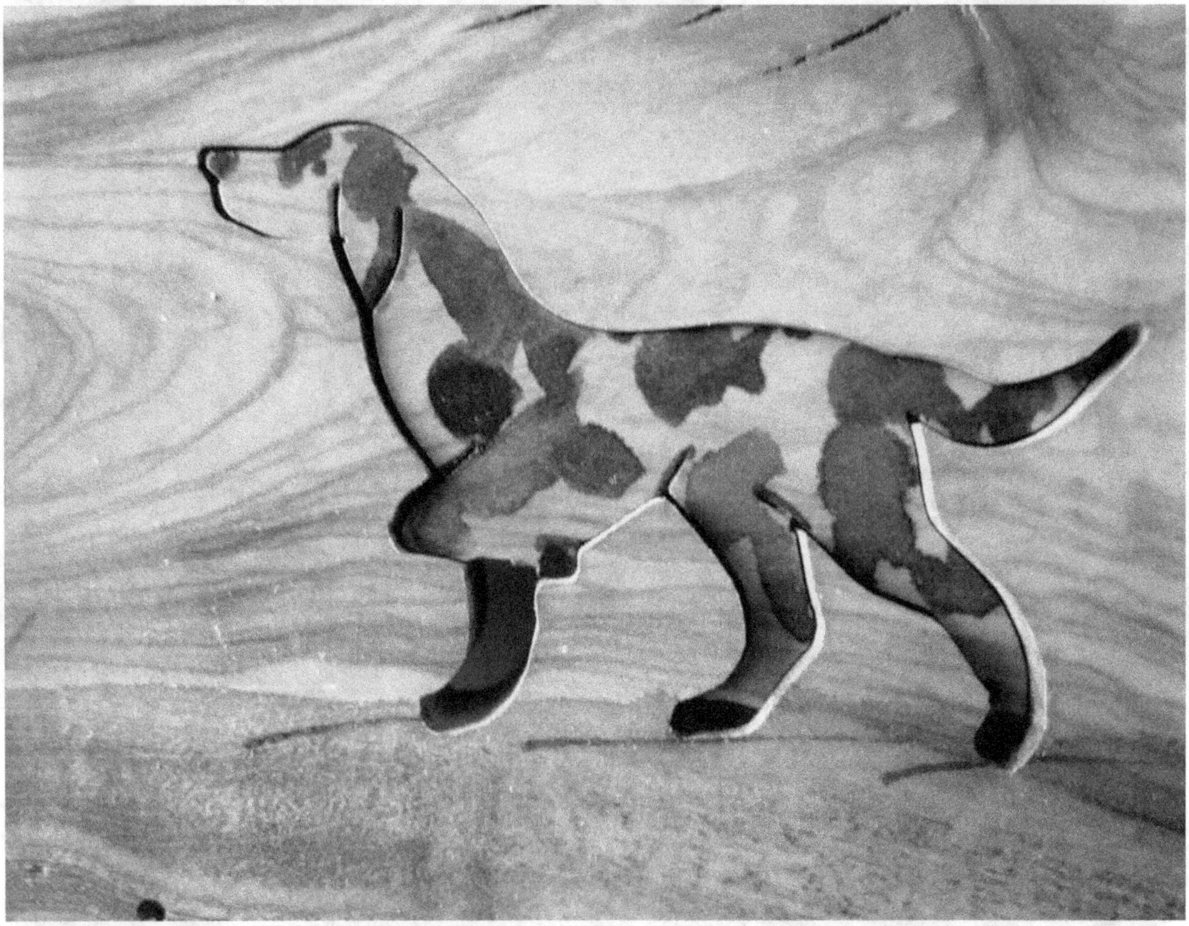

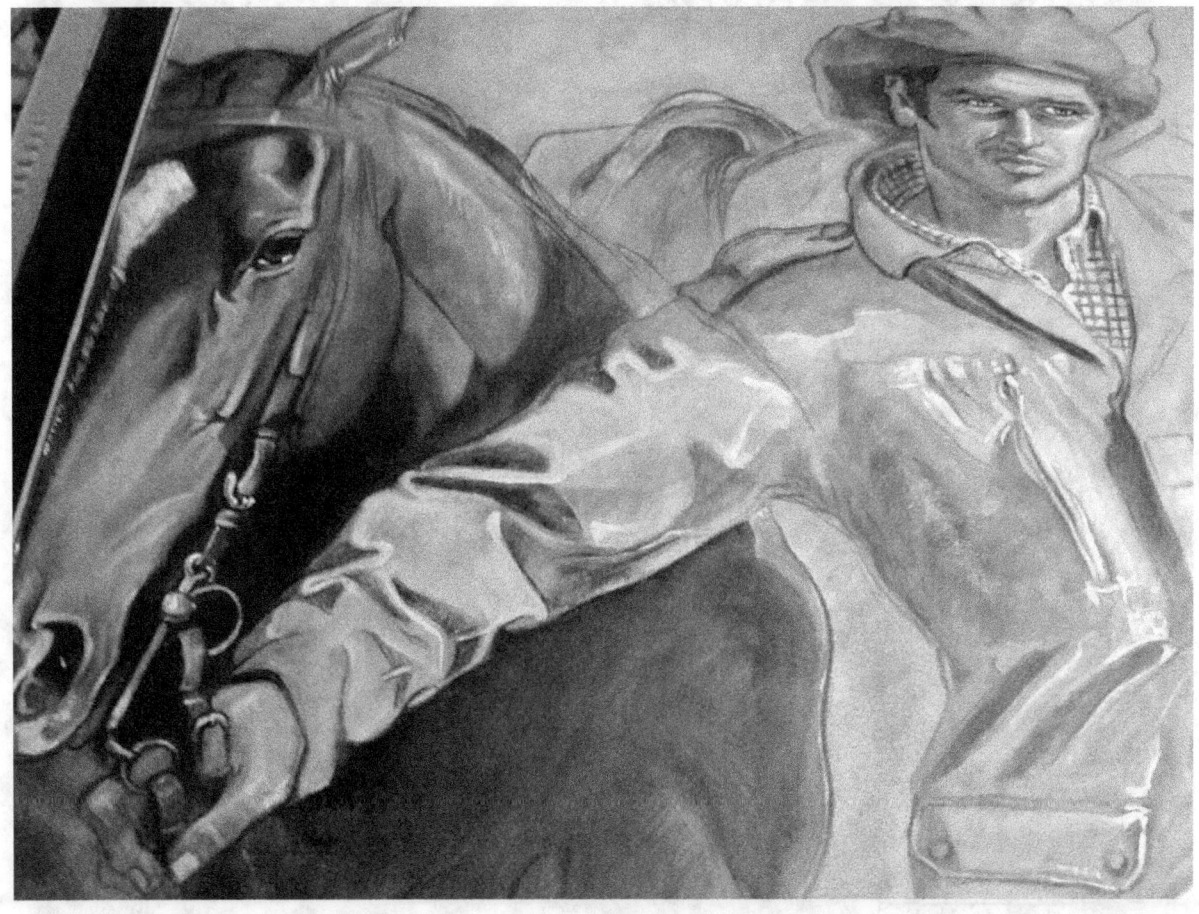

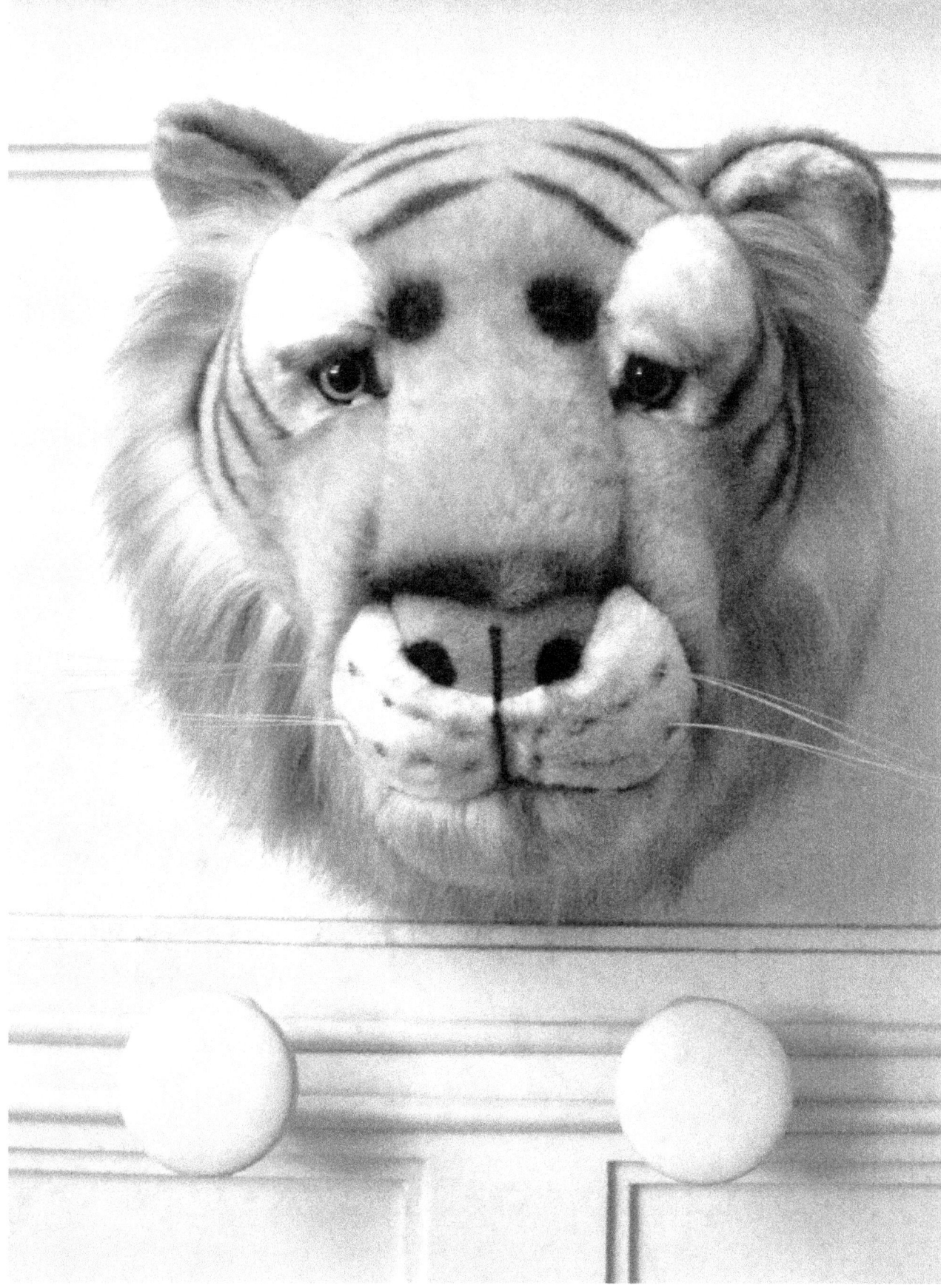

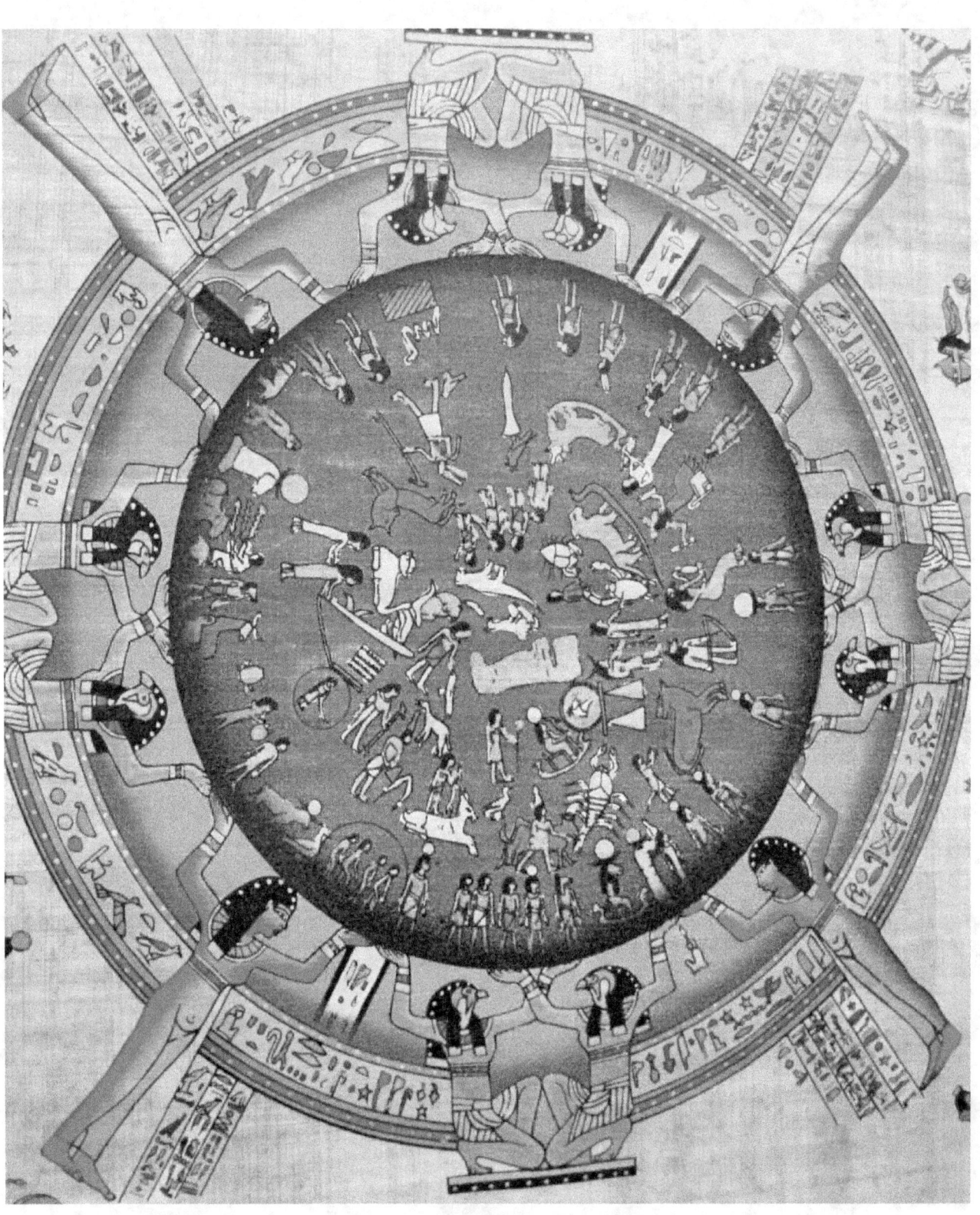

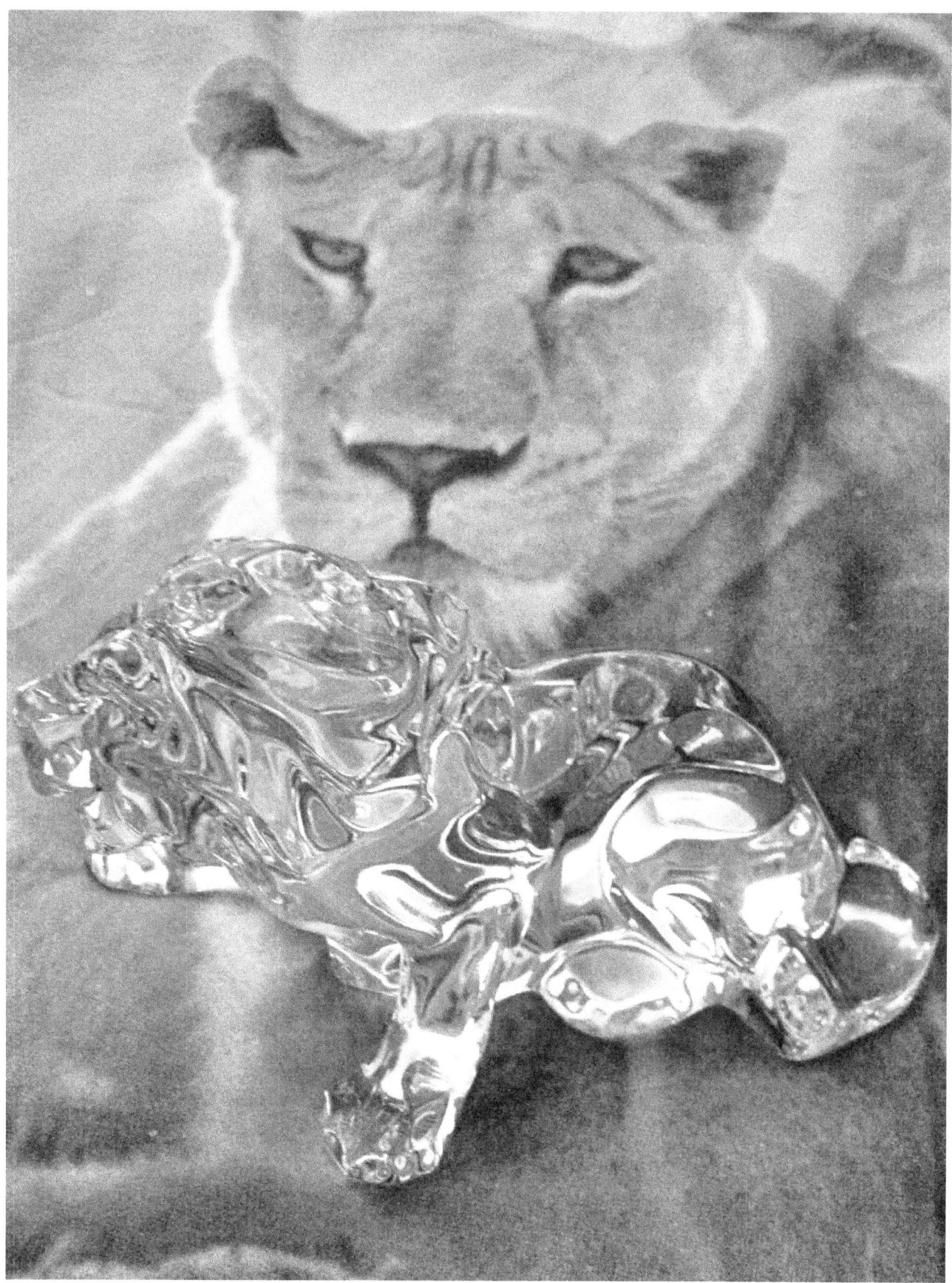

www.ingramcontent.com/pod-product-compliance
Lightning Source LLC
Chambersburg PA
CBHW081138170526
45165CB00008B/2713